한국 최고의 스페셜티 커피를 소개하다
스페셜티 커피 인 서울

Specialty coffee
in Seoul

한국 최고의 스페셜티 커피를 소개하다
스페셜티 커피 인 서울

Specialty coffee
in Seoul

심재범

CONTENTS

Chapter 2. 마포

홍대앞 스페셜티 커피를 정복했다면 가까운 마포권으로 커피 마실을 나가보자.

1. 매드커피   64
2. 앤트러사이트   70
3. 커피템플   76
4. 콘하스   82
5. 파이브브루잉   88

커피의 맛이란 무엇일까?   94

Chapter 1. 홍대

제대로 된 스페셜티 커피를 시작하려면 홍대에서부터 시작하자.

1. 리브레   14
2. 밀로   22
3. 엘카페   28
4. 좀비   36
5. 카페101   42
6. 테일러   48
7. 파이브익스트랙츠   54

스페셜티 커피란?   60

Chapter 3. 사대문

고즈넉한 분위기의 사대문 인근에는 소문난 커피 매장이 여럿 있다.

1. **나무사이로** 100
2. **보통** 108
3. **아름다운커피** 114
4. **원더커피** 120
5. **커피투어** 126
6. **테라로사** 132
7. **헬카페** 138
8. **홀드미** 144

단종커피의 종류 150

Chapter 4. 강남

복잡한 강남 한복판에서 느끼는 커피 한 잔의 여유.

1. **그린마일** 154
2. **브릴리언트로스팅랩** 160
3. **세도나** 166
4. **젠틀커피** 172
5. **커피렉** 178
6. **커피휘엘** 184
7. **클래치** 190

로스팅 머신의 특성 196

CONTENTS

Chapter 5. 기타

서울 도심에서 비켜 있지만, 훌륭한 커피를 선보이는 비밀 아지트.

1. 몽타주　200
2. 세컨드커피　206
3. 에일리언　212

스페셜티 커피에 적절한 브루잉 218

Appendix 1. 수도권

복잡한 서울 도심에서 한적한 경기도 주변으로 눈을 돌려보자.

1. 180커피　222
2. 레디쉬브라운　228
3. 로스팅하우스　234
4. 알레그리아　240
5. 오픈앨리　246
6. 제로제　252
7. 한국커피(팩토리 670)　258

Appendix 2. 대전

우리나라 정중앙 대전에서 즐기는 진한 커피 한 잔.

1. 싱크커피　266
2. 톨드어스토리　272

Appendix 3. 경상도

볼거리 가득한 경상도로 커피 여행을 떠나보는 건 어떨까.

1. 커피플레이스   280
2. 모모스   286
3. 블랙업   294
4. 어웨이크   300
5. 에프엠커피하우스   306
6. 인얼스커피   312
7. 커피가사랑한남자   318
8. 커피이야기   326
9. 몬스터커피   334

에스프레소 머신   340

Gloceries. 용어 정리

스페셜티 커피를 제대로 즐기기 위해 알아야 할 용어

커피 용어 정리   345

서울지역 커피 노선도   356

머리말

세계 최고의 스페셜티 커피 매장을 소개한 책 '카페 마실'이 나온 지 벌써 일 년이다. 고마운 직장 덕택에 해외를 다닐 기회가 많았고, 커피를 사랑하는 싸모님에게 잘 보이고자 시작한 약간의 커피 학습이 지난번 책이 나오는 과정이 된 것 같다. 준비하는 과정에서 커핑의 세계를 알게 되었고, 내친김에 큐그레이더 시험에 도전해 본 것도 인생에서는 큰 교훈이 되었다.

이전에는 세계 수준과 약간의 괴리가 있던 한국 커피 업계는 최근 들어서 괄목할 성장을 거듭했고, 이제는 전 세계에서 가장 주목하는 스페셜티 커피 발전 속도를 자랑하고 있다. 그런 점에서 이번에 한국의 진정성 있는 스페셜티 커피 업체들을 소개할 수 있는 기회를 만들어준 한국 최고의 레스토랑 평가 기관 블루리본에게 감사하며, 취재에 협조해준 업체들에 소비자로서 감사를 전한다.

처음에는 단골 커피 매장을 소개한다는 취지에서 시작한 작업이 생각보다 커져서 결과적으로 대부분의 스페셜티 커피 매장을 책 안에 담을 수 있었다. 사정이 여의치 않아서 이번에 함께 하지

못한 업체들에는 아쉽지만, 한국 최고를 넘어서 세계 어디에도 내놓아도 부끄럽지 않은 매장들을 소개할 수 있어서 영광이다. 한국보다 먼저 커피 문화를 발전시키고, 스페셜티 커피 업계에서도 중요한 역할을 하는 일본이 최근 한국의 성장세를 부러워할 정도니, 어느 정도 예측이 가능하지 않을까 생각된다. 다만, 이런 폭발적인 성장세가 이어질지 찻잔 속의 태풍으로만 안주할지는 이제 우리 소비자의 몫인 것 같다.

처음 샴페인을 마셔본 수도사가 입안에서 별을 만났다는 표현을 했듯이 마이클 와이즈먼은 신의 커피라는 책에서 최고의 커피를 마신 후 컵 안에서 신의 얼굴을 보았다는 표현을 했다. 어찌 보면 과잉과 상찬이라 할 수도 있지만, 커피를 정말 좋아하는 사람이라면, 언젠가는 신의 얼굴을 한 커피를 만나리라 믿는다. 이 책을 읽은 독자들이 하늘의 별과 신의 얼굴을 한 커피 한 잔의 위로와 치유의 힘을 만나시기를 두 손 모아 기원한다.

2014년 4월

저자 **심 재 범**

CHAPTER 1

스페셜티 커피 in 홍대

제대로 된 스페셜티 커피를 시작하려면
홍대에서부터 시작하자.

리브레 커피

국내 최초의 큐 그레이더, 다이렉트 트레이드,
로스팅 세계챔피언 2연패.

리브레 커피공방에 처음 들어섰을 때, 제일 먼저 눈에 들어온 것은 에드워드 호퍼의 커다란 그림이었다. 당시 소수의 사람만 알음알음으로 방문할 수 있었던 긴장됐던 첫 리브레의 방문에서 그 그림을 보았을 때 왠지 모를 안도감이 느껴졌다. 풍족함의 상징인 미국인이지만, 공허함과 외로움, 소외의 정서를 상징한다는 에드워드 호퍼의 그림을 좋아하는 사람이라면 낯선 사람의 긴장감도 이해해주지 않을까 하고 말이다.

한국의 스페셜티 커피를 논할 때 빠짐없이 등장하는 홍대입구역 주변 연남동 3평짜리 매장 커피 리브레. 해외의 커피인이 입국할 때마다 방문하는 곳으로도 유명하다. 최근에는 모 케이블 방송의 '착한 커피'에 선정된 후에 사회적으로 커다란 반향까지 일으킨 곳이지만, 매장은 아직도 작고 허름하다.

리브레를 이야기하기에 앞서 서필훈 대표를 소개하자면, 한국 최초의 SCAA 산하 CQI 인증 큐 그레이더(커피 품질을 판

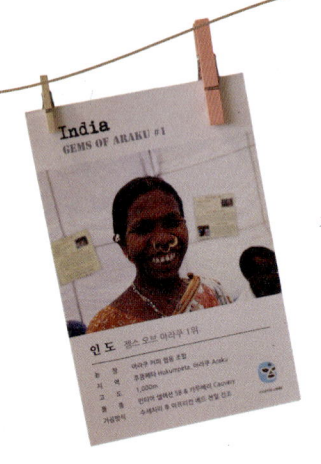

정하는 CUPPER의 공식적인 인증을 받은 전문가. 현재 전 세계에 1,000명 정도 산재하고 있다.)로, 커피인이 꼽은 2013년을 빛낸 커피인, 세계 로스팅 챔피언십 2연패 같이 '한국 최초' 혹은 '세계 최초'의 모든 기록을 갈아치우고 있는 커피 업계 최고의 테크니션이다. 또한, 커피 판정과 로스팅, 추출 분야에서 가장 독보적인 실력을 가지고 있다고 자타가 공인하는 바이다. 블로그나 페이스북을 통해 다양한 커피 상식과 향후 방향성을 제시함으로써 수많은 팬덤을 양산하기도 했지만, 그에 따른 부담감도 매장이 감당해야 할 몫인 듯하다.

파격적인 행보로 전문가 사이에서 다양한 담론이 있지만, 커피를 좋아하는 애호가 입장이라면 한국 최고의 스페셜티 커피 매장이라고 추천하고 싶다. 최근 들어서는 강배전 커피를 취급하기도 하지만, 초기부터 기술적으로 어려운 약배전 커피를 시도하여 커피 생두가 가진 최고의 향미를 끌어내는 로스팅으로 유명해졌다. 품질에 대한 집착이 대단해서 본인의 로스팅이 맘에 들지 않을 때는 수십 킬로그램의 원두를 전량 폐기한 사례도 여러 차례 있다.

사업 초기에는 로스팅 위주의 공방이었지만, 최근 2년 사이에 연남동과 이태원에 매장을 오픈했으며 연남동 매장은 3평 내외의 아주 작은 매장이다. 매장은 좁고 불편하지만, 인문학과 예술에 관심이 많은 서필훈 대표의 성향상 예술적 감흥은 지나칠 만큼 충만하다. 연남동 매장에서는 라마르조코 La Marzocco 머신을 사용한 에스프레소 추출과 에어로프레스로 추출한 다양한 싱글오리진(원산지가 같은 단종 커피)을 마실 수 있다. 커피원두는 COE(Cup of Excellence, 커피 업계의 올림픽과 같은 경진대회 입상 커피) 커피 외에 다양한 다이렉트 트레이드 커피, 마이크로

◆제대로 된 바텀리스 에스프레소 추출 모습. 낮은 곳에서 확인하는 것이 정석이다.

커피인들이 꼽은 2013년을 빛낸 커피인.
세계 로스팅 챔피언십 2연패 같이 '한국 최초' 혹은 '세계 최초'의
모든 기록을 갈아 치우고 있는 커피 업계의 최고의 테크니션.

랏 커피 같은 상당한 품질의 스페셜티 커피가 있다. 에스프레소 추출과 다양한 싱글오리진 에어로프레스 추출 블랙커피는 차지고 향미 있고, 맛있다. 공방 시절에는 핸드드립 방식도 가능했지만, 바로 앞에 있는 '이심'의 대표 메뉴인 핸드드립을 피하고자 브루잉은 에어로프레스 방식만 사용한다. 이심의 핸드드립과 이브릭은 정말 맛있다. 리브레를 방문할 예정이라면 이곳도 함께 방문할 것을 추천한다. 실제로 마주 보는 두 곳의 매장은 다정한 이웃이며, 의외로 서로의 시너지도 발생하고 있다.

리브레 매장의 운영은 커피 추출보다는 원두 판매에 중점을 두는 방식으로, 200그램 정도로 포장된 원두(대부분 2만 원 미만)를 구입하면, 즉석에서 커피 한 잔을 서비스로 제공한다. 커피는 종류에 상관없이 4천 원 균일가. 최근 들어 한국 최고의 수제 초콜릿 매장인 '뻬아프'와 콜라보 메뉴인 초콜릿 메뉴도 시작했다. 베이커리 장인의 모임인 '윈도우 베이커리'와 스페셜티

커피의 조우는 상상만으로도 설렌다.

리브레 이태원 매장은 가장 어렵지만 개성 있는 추출이 가능하다는 페이마 Faema 머신을 사용한다. 최근에 오픈해 조금 한산하지만, 대부분 방문객의 공통적 의견은 공간으로만 보면 이태원 매장이 좀 더 낫다는 것이다. 일단 연남동 매장보다 앉을 자리가 많고 공간이 넓다. 운 좋으면 주차도 가능하다.

에어로프레스: 주사기 모양과 흡사한 에스프레소 개념을 이용한 브루잉 방식. 외관이 조금 엉성하지만, 전문가들이 손꼽는 최고의 커피 추출 방식이다. 커피가 지향하는 본연의 성향이 조금의 과장 없이 노출된다. 좋은 커피에는 좋을 수 있지만, 품질이 낮은 커피에는 매우 치명적일 수도 있는 추출이다. 북유럽 바리스타가 선호하는 추출로 매우 유명하다.

메뉴
에스프레소, 라테, 아메리카노, 브루잉 – 각 4천원
로스팅머신
프로밧, 디드릭, 고노
에스프레소머신
라마르조코 GB5
페이마레전드

주소 서울 마포구 연남동 227-15
전화 02-334-0615
영업시간 12:00~21:00
휴무 매주 월요일 휴무 **주차** 불가

밀로

세월의 원숙함이 묻어난 깊은 커피의 맛

언제부터인가 커피는 젊음과 열정, 치열한 커피인의 뜨거운 탐구를 상징하는 경우가 많아졌다. 이런 젊음의 열정도 좋지만, 세월의 원숙함이 묻어 있는 커피 한 잔이 그리울 때도 있다. 밀로 커피는 최근 가장 뜨거운 문화웹진 Planccc.com의 주남대 대표의 추천으로 방문하게 되었다. 매장이 있는 곳이 홍대앞 핵심 상권에서 벗어나 있는 조용한 곳이고 자극적이지 않은 커피를 지향하고 있어 매장과 커피가 잘 어울리는 느낌이다.

스페셜티 커피 업계는 비교적 젊은 커피인이 많은 편이다. 민감한 시대적 트렌드기도 하고 다양한 정보 교류 과정이 빈번하다 보니 젊고 역동적인 사람이 좀 더 주도적인 경향이 많다. 하지만, 커피인이 하나같이 손꼽는 어르신인 황동규 대표의 밀로 커피는 조용히 차분하게 스페셜티 커피에 정진하고 있다. 초기에는 비엔나커피가 맛있는 커피 매장으로 유명해졌지만, 지금은 중배전 로스팅으로 커피의 본연의 향기를 잘 포착하고

표현하고 있다. 한동안 유행처럼 번지던 약배전 커피의 화려한 향기는 아니지만, 배전도가 있음에도 커피 향미를 잘 표현한다는 점에서 젊은 커피인들에게 모범을 보이는 매장이 아닐까 생각한다. 화려한 커피에 집착하지 않지만, 양질의 스페셜티 커피를 대중과 교감하면서 선보인다. 개인적으로는 향미 좋은 약배전 커피를 좋아하는 편이었지만, 밀로에서 맛본 깊고 풍부한 커피에 상당히 충격을 받았다.

밀로에서는 고소하고 달콤한 커피를 추구하며, 다양한 커피 추출이 가능하다. 보기 드물게 싱글 에스프레소가 가능하고 핸드드립은 가장 바디감을 잘 표현할 수 있는 멜리타^{Melitta} 추출이다. 커피 추출 성향을 보면 트렌디하면서도 소신 있는 매장의 성향이 잘 느껴진다. 어려운 작업을 무난하고 편안하게 버무려놓은 것 같다. 지금도 최신 모델인 프로밧^{Probat} 로스팅 머신과 라마르조코$^{La\ Marzocco}$ GB 5 모델을 오래전부터 매장에 비치했으니, 기물에 대한 투자도 아낌없이 이뤄진 셈이다.

공간이 화려하지는 않지만, 매우 조용하고 기물이 모두 새것처럼 깨끗하고 청소 상태가 좋다. 다른 곳도 그렇지만, 그 중 가장 청소 상태가 정성스럽고 윤이 날 정도여서 기물에 애정을 기울이는 것이 느껴진다. 주인의 성향에 맞게 외진 곳까지 찾아오는 손님들도 정적인 편이다. 혹시 생각할 시간이 필요하다면, 진하고 바디감 좋은 브라질 싱글 샷 에스프레소를 마시며 상념에 잠기는 것도 좋을 듯하다. 음악을 일일이 정성 들여 선곡하기로도 유명하다. 그리고 혹시 달콤함이 당긴다면, 몽블랑을 주문해 보자. 직접 만든 생크림을 얹은, 단언컨대, 한국 최고의 비엔나커피라 할 수 있다.

◆한국 최고의 비엔나커피라 할 수 있는 밀로의 '몽블랑'.

배전: 로스팅의 일본식 표현으로, 관용적으로 지금도 자주 사용된다. 강배전 커피는 고소함과 단맛이 배가되는 경향이 있고, 약배전은 향미의 발현이 좀 더 쉽다는 것이 일반적이다. 배전에 대한 정석은 없고, 커피 생두 고유의 성향에 맞는 배전이 가장 좋다.

메뉴
몽블랑 - 6천5백원
아메리카노 - 5천원
로스팅머신
프로밧 L5
에스프레소머신
라마르조코 GB5

주소 서울 마포구 동교동 170-32
전화 02-554-3916
영업시간 13:00~23:00
휴무 명절 휴무 **주차** 가능

El cafe

엘 카페

로스팅, 추출, 머신, 그라인더의
완벽한 하모니

전 세계에 20명 내외인 COE 커핑 심판관 중 한국인으로는 테라로사의 이윤선 부대표, 리브레의 서필훈 대표와 함께 엘 카페의 양진호 대표가 손꼽힌다. 지금은 다른 한국인도 많아졌지만, COE 커피가 보급되는 과정에서 이들 삼총사의 활약은 한국 커피의 수준을 만방에 알리는 데 큰 역할을 했다고 생각한다.

규모의 경제가 커져버린 테라로사와 유명세를 톡톡히 치른 리브레에 비해서, 상대적으로 아담한 규모의 엘 카페는 다행히 팬덤과 안티팬들의 성화에서 무난히 지나가게 된다. 이런 덕택인지 엘 카페의 커피는 로스팅이 일정하고 추출 편차도 가장 적다. 일부 스페셜티 커피업체에서 나타나는 약배전 커피의 오류인 언더 로스팅(배전이 완전히 안 돼서 풀 냄새와 같은 아린 맛이 나는 현상)에 대한 반감으로, 엘 카페의 로스팅은 커피가 가진 스위트니스(단맛으로 포함이 되지만, 커피 향기가

◆비다스 머신과 EK43 그라인더의 조화로 꿀과 같이 고소하고 클린컵이 뛰어나며 후미까지 좋은 에스프레소를 추출할 수 있게 한다.

원숙히 익혀진 느낌)에 최대한 초점을 맞춘 로스팅이다.

성수동에서 서교동으로 매장을 옮기고나서 접근성이 좋아졌으며, 리브레와 함께 홍대권의 양대 로스터리라고 할 수 있다. 또한 로스팅 머신인 기센Giesen 로스터의 특성을 한국에서 가장 잘 활용하는 것으로 알려졌다. 비다스테크에서 생산한 한국 최초의 수제 에스프레소 머신을 매장에 최초로 비치하였고, 2013 세계 바리스타 챔피언십에서 화제가 된 EK43 그라인더를 사용함으로써 가장 실험적인 추출 방식을 적용하고 있다.

비다스 머신과 EK43 그라인더 덕택에 매장의 모든 커피를 싱글 에스프레소로 추출할 수 있게 되어 소비자들이 선택이 넓어졌고, 브루잉 방식은 하리오Hario 핸드드립, 에어로프레스 추출 외에 에스프로프레스 추출도 가능하다. 비다스Vidas 머신과 EK43 그라인더의 궁합으로 에스프레소는 꿀과 같이 고소하고 클린컵이 뛰어나며, 후미까지 좋다. 일부 전문가들의 의견은 현존하는 에스프레소 머신 중에서 가장 최선의 추출이라는 평이다.

이곳의 브루잉 방식 중 가장 인상적인 것은 에스프로프레스 추출이다. 프렌치프레스와 흡사한 커피 추출 방식인데, 원두가 가진 약점도 보완하며 커피의 향미를 극대화하는 것으로 유명하다. 에어로프레스가 화장기 없는 미인이라면, 에스프로프레스는 피부 화장의 기초 미인이 아닐까?

블랙커피 외의 메뉴로는 매장에서 직접 제작한 바닐라 시럽이 들어간 바닐라라테, 계절 메뉴인 배숙, 직접 초콜릿을 녹여 만든 모카커피도 있다. 양진호 대표의 수제 메뉴에 대한 집착에 바리스타의 고생이 심하지만, 고객들이 아주 만족하는 부가음료다. 도예가 최수연 씨와 공동 작업한 엘 카페 전용 핸드메이드 잔으로 서비스되는데, 모든 잔이 작가가 만든 수제 생산이라는 점이

31

전 세계 20명 내외인 COE 커핑 한국인 심판관 중 한 명. 테라로사의 이윤선 부대표, 리브레의 서필훈 대표와 함께 엘 카페의 양진호 대표는 한국 커피의 수준을 만방에 알리는 데 큰 역할을 했다.

벽면에 그려져 있는 '비다스' 에스프레소 머신의
일러스트는 엘 카페만의 상징.

의미가 있다. 다른 창작 메뉴도 좋지만, 가장 기억이 나는 커피는 2013년 온두라스 COE 3등 입상 커피인 El Cielto 커피를 비다스Vidas 머신으로 추출한 싱글샷이다. 중남미 커피에서 보기 드문 장미향과 복숭아향과 함께 슈퍼 클린한 산미까지 돋보이던 커피였다. 개인적으로 2013년을 가장 빛낸 커피라 생각한다.

매장의 매니저인 김현섭 바리스타의 알코올 커피 제조 기술이 좋아서 한가한 시간에, 단골이라는 두 가지 조건이 충족된다면, 한국에서 손꼽히는 아이리시커피를 마실 수도 있다. 단 매장이 한가한 시간이 별로 없다는 게 함정이다.

COE: Cup of Excellence의 약자로, 조지 하웰과 수지 스핀들러가 주도한 민간단체 ACE(Alliance for Coffee Excellence)가 주최하는 커피 경진대회. 커피 품질의 향상과 산지의 농민 경제 활성화에 초점을 맞춘다. 브라질을 시작으로 엘살바도르, 코스타리카, 과테말라, 온두라스, 브룬디, 르완다, 콜롬비아에서 각각 개최된다. 지역별 입상 커피는 별도의 옥션을 통해 판매되는데, 대부분 고가에 입찰 된다. 참고로 2013년 국가별 COE 1위 커피는 일본의 대형 업체인 UCC에게 기념사업용으로 일괄 낙찰되었다. 경매 시스템이 갖는 부작용이 있기는 하지만, 결과적으로 현지 농민의 성취 욕구와 지역사회 발전이라는 선순환 구조의 시작이다.

메뉴
에스프레소 – 5천원
바리스타추천커피 – 5천원
로스팅머신
기센 W6, 토레빈 T4, 프로밧 샘플로스터 2 Barrel
에스프레소머신
비다스, 라마르조코 GB5, 시모넬리 아우렐리아

주소 서울 마포구 서교동 481-2
전화 070-8269-0715
영업시간
평일 09:00~22:00 | 토요일, 일요일 10:00~22:00
휴무 명절 휴무 **주차** 가능

좀비 커피

독특한 개성과 안정적인 커피 맛이
인상적인 좀비 커피

〈황혼에서 새벽까지〉, 〈28일 후〉 시리즈, 〈새벽의 저주〉 등 개인적으로 좀비 영화를 매우 좋아한다. 하지만, 집사람은 정색을 하고 딸아이까지 무서운 영화를 싫어하다 보니 언제부터인가 나에게 좀비 영화는 음침한 방에서 혼자서만 만나야 하는, 애정과 애증의 사이에 있게 되었다. 그래서 좀비 영화를 B급 문화의 상징이라고 말하는지도 모르겠다. 그런데, 이렇게 철없는 남자들의 로망인 좀비가 커피 매장에 나타날 줄은 꿈에도 몰랐다.

홍대 앞 번화가의 이면 도로에 살포시 문을 연 좀비 커피는 처음에는 독특한 이름으로 화제가 되기 시작했지만, 보기 드물게 안정적인 로스팅과 추출 등으로 다시 한 번 주목을 받는다. 참고로 이태원의 헬 카페, 여의도의 매드 카페와 함께 한국의 3대 악마 커피 매장으로 유명한데, 비슷한 시기에 오픈한 3곳의 매장은 특별한 상관관계는 없다는 게 재미있다.

좀비 커피라는 독특한 이름은 피골이 상접한 이대표 대표의 얼굴이 좀비를 연상시킨다는 이유로 붙여졌는데, 반응이 너무 좋아서 매장 측에서도 의외로 생각할 정도다. 앞서 이야기했듯이 신생업체임에도 안정적인 로스팅으로 더욱 화제가 되고 있다.

이곳에서는 양질의 스페셜티 커피는 물론, 다양한 싱글오리진 커피도 선보인다. 최근 들어서는 일주일에 한 번씩 오픈 커핑과 일반 바리스타를 위한 무료 세미나까지 여는 등 공유와 나눔의 문화를 추구한다. 전문 바리스타와 로스터의 무료 강연으로 유명한 세미나는 공지 후 1시간 이내에 마감되니 바리스타 지망생이라면 서두르는 것이 좋겠다. 매장의 꾸밈은 직선적이면서도 편안한데, 외부의 도움 없이 직접 내부를 작업했다고 한다. 매장을 잘 살펴보면 주인장의 손길을 찾아볼 수 있다.

소비자의 입장에서 보자면 독특한 마케팅으로 눈을 끌고, 안정적인 로스팅과 추출을 하면서, 편안하고 독창적인 매장은 생각보다 발견하기 어렵다. 마치 골고루 모든 과목을 잘하는 모범생이 별로 없듯이 말이다. 최근 화두인 기센Giesen 로스터를 사용하고, 라마르조코La Marzocco 머신을 사용하여 추출하는 등 로스팅과 추출의 지향점이 명확하다. 기센과 라마르조코 머신은 무난함보다는 개성에 방향성이 맞춰져 있다. 아직까지는 좀 더 지켜봐야 하겠지만, 홍대앞 핵심 상권에서 아주 저렴한 가격에 정확한 추출을 맛볼 수 있다는 점에서 향후가 더욱 기대된다.

브루잉을 전담하는 박헌웅 바리스타는 2013년 바리스타협회 올림피아드에서 컵테이스팅 부분 2등을 수상할 정도로 실력 있고, 한국 라테아트 챔피언십 파이널리스트인 이상훈 바리스타는 에스프레소 추출에 전념하는 등 직원의 커피에 대한 진정성이 좋다.

로스팅 룸에서 느껴지는 달콤하고, 고소한 원두의 향기.

대표 메뉴는 커피지만, 레몬을 4개나 갈아 넣은 멘붕레몬에이드와 발로나 초콜릿을 녹여 만든 카페모카도 추천 메뉴다.

라마르조코 : 이탈리아 피렌체에서 생산되는 에스프레소 머신. 개성 있는 추출을 자랑하며, 다양한 바스켓과 샤워스크린 등 다양한 튜닝 모델과 어울려서 추출 변수를 조절할 수 있다. 스트라다가 가장 하이엔드 머신이며, 리네아가 보급 모델, GB5, FB 모델이 중급 모델이라 할 수 있다. 전반적으로 바스켓이 커서 커피 투입 용량이 크고, 진하고 향미 있는 커피 추출에 적합하다.

메뉴
에스프레소 - 4천원
멘붕레몬에이드 - 6천원
로스팅머신
기센 Giesen W1
에스프레소머신
라마르조코 FB80

주소 서울 마포구 서교동 362-12
전화 070-8820-2480
영업시간
월요일 11:00~21:00 | 화요일~일요일 11:00~23:00
휴무 연중무휴　**주차** 불가

카페 101

송훈 '커피 선생님'이 운영하는
커피 전문점

예술가의 거리에서 번화가로 변신 중인 홍대 주변에 와우산 공원이라는 조용한 녹지대가 있다는 것을 아는 사람은 의외로 많지 않은 것 같다. 와우산 공원 옆 박물관 1층에 그렇게 송훈 대표의 카페 101이 있다. 카페 101의 송훈 대표의 커피 연혁은 한국 스페셜티 커피의 역사와 다름없다. 미국으로 커피 유학을 다녀와 강남에서 커피 수업을 진행한 후, 홍대앞에 커피스쿨을 열어 바리스타 교육을 전담하더니 2013년에는 본격적인 커피 매장을 오픈했다. 그 외에도 다양한 대회의 심사위원으로 활동하는 것으로 유명하다. 혹자에 의하면 심사위원의 심사위원급이라는 표현도 있다.

주변에 특별한 상권이 없기 때문에 카페 101은 커피를 정말 좋아하는 사람들이 아니면 찾아오기 어려운 곳이다. 원래의 취지는 박물관과 공동 작업을 하는 것이었던 듯한데, 지금은 커피 업계의 바리스타와 로스터의 수많은 방문으로 분주하다. 테

이블이 몇 개 없는 작은 매장이지만, 홍대 주변 유일한 녹지인 와우산 공원과 박물관이라는 주변 환경과 잘 어울리는 곳이다.

기센 Giesen 로스팅 머신을 사용해 향미가 좋은 커피를 선보이며, 블렌딩에는 인디아 생두를 사용해 커피의 질감을 다르게 표현하고 있다. 서필훈 리브레 대표는 "리브레의 커피 생두를 사용하지만, 리브레보다 더 로스팅이 잘되는 것 같다."는 표현까지 할 정도로 로스팅에도 정성을 기울인다. 물론 서필훈 대표의 말은 농담이지만, 두 업체의 우정이 보기 좋다.

에스프레소 머신은 시네소 Synesso와 페이마 Faema 1구 머신이 각각 비치되어 있고, 브루잉 커피 추출에 최적화되었다는 값비싼 우버 보일러를 비치하여 핸드드립도 훌륭하다. 시그니처 메뉴로 식사와 밥을 한꺼번에 해결할 수 있는 간장밥(계란프라이가 올라가 간장에 비벼 먹는) 메뉴와 커피 세트 메뉴가 인기며, 브루잉 커피를 기반으로 한 '송버전', '허버전' 등 창작 메뉴도 굉장히 인상적이다. 바리스타로 근무 중인 허 바리스타는 작년도 한국 브루잉 챔피언십과 컵테이스팅 파이널리스트다.

한국 최고의 커피 선생님이라 할 수 있는 송훈 원장의 매장이라서인지, 시네소와 페이마로 상징되는 특징적이고 개성 있는 에스프레소와 다양한 브루잉 메뉴 추출이 가능하다. 즉, 스페셜티 커피의 최신 브루잉 방식 – 핸드드립, 케멕스, 에어로프레스, 에스프로프레스 – 의 추출이 모두 가능하다. 각각의 방식은 약간의 장단점이 있으며, 원두의 성향에 따라서 또는 소비자들의 기호에 따라서 선택이 달라진다. 과거 핸드드립에서 드리퍼(칼리타 Kalita, 고노 Kono, 하리오 Hario)의 차이에 따른 추출과 비교해볼 때 브루잉 방식은 또 다른 느낌이다.

카페 101은 다양한 커피와 다양한 추출을 제공하는, 전문화되고 세분화된 커피인을 위한 원스톱 커피 매장이다. 매장은 작지만, 아담하고 세련된 인테리어는 덤이라 할 수 있다. 민폐만 끼

치지 않으면 오랜 시간 바리스타와 대화할 수 있는 오픈 바 Bar 앞의 의자에 앉는 것도 추천한다.

우버 보일러: 아일랜드에서 개발된 워터 보일러 시스템으로, 브루잉 추출에 최적화되었다. 무게 계량이 가능해서 직수 추출을 권장하지만, 일부 매장들은 워터 보일러로 사용하는 경우가 많다. 가장 큰 장점은 온도 보정이 정확해서 커피 추출 시 편차가 거의 없다는 것이다. 인텔리젠시아 베니스 비치 매장에서 사용되고 나서 전 세계적으로 활발하게 보급되기 시작했다.

메뉴
에스프레소, 브루잉 - 각 5천원
간장밥 - 9천원
로스팅머신
기센
에스프레소머신
시네소, 페이마

주소 서울 마포구 창전동 6-32 1층
전화 02-3143-1011
영업시간 11:00~22:00
휴무 매주 화요일 휴무　**주차** 불가

Tailor Coffee

테일러 커피

커피의 커피를 위한 커피

포레스트 커피에서 테일러 커피로 이름을 바꾼 후 더욱 활기 넘치는 테일러 커피. 위치가 홍대앞 번화가에서 조금 뒤편으로 물러났지만, 더욱 크고 멋있어진 매장과 로스팅 결과물에 힘입어 최근 활발한 B2B 활동까지 보이고 있다.

미래를 내다보고 기물에 대한 투자도 아끼지 않아 시네소 Synesso 머신과 그라인더, 미국식 핸드드립 바 Bar까지 겸비하고 있다. 매장 분위기는 아주 세련되고, 시크한 분위기가 물씬 풍긴다. 생두에 대한 투자도 많아서 한동안 시장에 유통되는 좋은 커피 생두를 거의 블랙홀처럼 흡수한 적도 있다. 세계 최고의 커퍼이자 로스터인 노르웨이의 팀 윈들보가 극찬했던 2012년 에티오피아 훈쿠테의 한국 물량은 테일러에서 모두 소화한 것으로 유명하다.

대표적인 메뉴는 시즌별 싱글에스프레소와 블렌딩에스프레소, 그리고 단종 핸드드립(미국식 핸드드립인 푸어오버 Pour

over 방식. 빠르고 간결한 추출로, 향미의 발현에 주안점을 둔 추출 방식)이다. 테일러 커피의 퍼플레인은 엘 카페, 리브레, 커피 그라피티의 에스프레소 블렌딩과 함께 최고 품질의 에스프레소 블렌딩으로 손꼽힌다. 최근 들어 블랙수트와 벨벳이라는 다양한 에스프레소 블렌딩을 만들었는데, 대중적인 블랙수트와 전문가적인 벨벳의 느낌 모두 좋다.

기본적인 블랙커피 외에 호주식 라테라 할 수 있는 플랫화이트도 특징적이다. 호주식 밀크 커피잔인 피카디 글래스에 담겨 나오는데, 호주의 독특한 스타일이라 할 수 있다. 밀크커피는 손잡이가 뜨거우면 우유의 카제인이 응고되는 경우가 많아 아주 뜨겁지는 않은 60도 미만의 추출을

테일러의 시네소 히드라 머신으로 추출한
커피 맛이 어떨지
벌써부터 입속에 침이 고인다.

권장한다. 그래서 적당한 온도의 밀크커피는 손잡이가 없는 유리잔에 나와도 마시는 데 불편하지 않다.

원두를 구매하면, 커피 한 잔을 서비스로 마실 수 있다. 2층은 로스팅 랩 LAP으로, 초기의 기센 Giesen W6 모델에서 최근 들어서 프로밧 Probat P12 모델까지, 로스팅 규모가 대규모로 확대되었다. 한동안 공급이 수요를 감당하기 힘들 정도였는데, 앞으로 더욱 기대된다.

푸어오버: 미국식 핸드드립 추출이라 할 수 있다. 한국식보다 추출이 빠르고 물줄기의 회전이 강해서 향미 좋은 커피 추출에 좀 더 적절하다. 리브가 많고 추출의 속도가 빠른 하리오 제품이 가장 많이 사용된다.

메뉴
라테, 플랫화이트 – 각 6천원
로스팅머신
프로밧 P12, 기센 W6
에스프레소머신
시네소 히드라

주소 서울 마포구 서교동 329-15
전화 02-335-0355
영업시간 12:00~23:00
휴무 명절 휴무 **주차** 가능

5 Extracts

파이브 익스트랙츠

한국 바리스타의 4대천황이
궁금하세요?

몇 년 전 한 커피 잡지에서 한국의 4대 바리스타를 선정했는데, 생각보다 뜨거운 일반인의 호응에 커피 업계가 한 번 들썩했다. 이를 계기로 커피 업계 스스로도 외연의 확장을 위한 스타성에 대한 고민을 하게 된 것 같다. 파이브 익스트랙츠는 이때 선정된 4대천황 중 한 명이자 당시 국가대표였던 최현선 바리스타가 2011년 겨울에 오픈한 홍대앞의 핫한 매장이다.

커피 추출의 5가지 요소라는 의미의 파이브 익스트랙츠는 커피와 디자인, 분위기라는 3박자를 갖췄다는 평가를 받고 있으며, 독특한 브랜드 아이덴티티까지 명확하게 설정되어 있다.

대표 메뉴는 최현선 바리스타가 2011년 한국 바리스타 챔피언이 되는 과정에서 내놓은 파격적인 에스프레소 창작 메뉴로, 지금도 매장의 최고 매출을 이끌어가고 있다. 커피 전문가 혹은 커피를 좋아하는 애호가뿐만 아니라 커피를 선호하지 않는 사람도 깜짝 놀라게 하는 파이브 익스트랙츠의 시그니처 메뉴

◆느낌 좋은 공간에서 마실 수 있는 파이브 익스트랙츠의 시그니처드링크.

는 바리스타들의 창작 메뉴의 지평을 넓혔다고 평가받는다. 이전부터 바리스타가 시합에 선보인 훌륭한 창작 메뉴가 많이 있었지만, 파이브 익스트랙츠 이후에 대중들과의 거리가 좁혀진 듯하다.

에스프레소 머신은 대용량 추출에서도 온도 보정이 가장 일정하고 정확한 것으로 유명한 시네소 Synesso 3구 머신이 최초로 비치되어, 추출 모습을 보기 위해 많은 바리스타가 방문했었다. 초기에는 사이포니스트 도형수 바리스타가 함께 근무를 했지만, 지금은 최현선 대표와 한정은, 이택상 바리스타가 운영하고 있다. 도형수 바리스타는 같은 아이덴티티를 공유하는 파이브 브루잉을 창업했으며, 최현선 바리스타와 도형수 바리스타는 업계에서 가장 아름다운 우정으로 유명하다.

바리스타 출신이지만 로스팅도 일정한데, 매장에서 사용하는 커피는 디드릭 ^{Diedrich} 머신으로 직접 로스팅한다. 시그니쳐드링크가 가장 대표적이며, 에스프레소와 라테 등의 머신 추출, 사이폰 추출도 매우 훌륭하다. 홍대앞 핵심 상권에 있어 유명인도 자주 방문하는 것으로 알려졌고, 가정집을 개조한 오픈 매장이라 공간의 느낌이 좋다. 매장의 세컨드 바리스타인 한정은 씨가 2013년 한국 사이폰 국가대표이며, 세계 대회에서는 4등이라는 훌륭한 성적을 내었다. 이곳은 에스프레소 바 ^{Bar}로 유명하지만, 기회가 된다면 파이브 브루잉의 도형수 바리스타, 그린 마일의 최창해 대표와 함께 한국의 3대 사이포니스트로 꼽히는 한정은 바리스타의 사이폰커피를 마셔 볼 것을 추천한다.

시네소: 라마르조코, 슬레이어와 함께 세계 3대 에스프레소 머신으로 꼽히며, 독립 보일러 시스템으로 연속, 추출에 따른 온도 저하가 가장 적은 머신으로 알려졌다. 영국의 '스퀘어 마일'과 미국의 '인텔리젠시아'에서 가장 선호하는 머신이다.

메뉴
에스프레소 - 5천원
시그니처드링크 - 7천원
로스팅머신
디드릭
에스프레소머신
시네소 히드라

주소 서울 마포구 서교동 405-10
전화 02-324-5815
영업시간 11:00~23:30
휴무 연중무휴 **주차** 불가

스페셜티 커피란?

일부 지역에서는 고메이 Gourmet 커피라는 개념도 사용하지만, 가장 정확한 것은 미국 스페셜티커피협회 SCAA 산하 커피 품질 연구소 CQI의 정의다. 커핑 CUPPING을 통한 향미, 맛, 후미, 바디 등 10가지 항목을 평가하여 100점 만점에 80점 이상을 획득한 커피를 스페셜티 커피라고 호칭한다. 그리고 SCAA CQI 표준에 따라 커핑 절차를 인증받은 전문가를 큐 그레이더 Q-GRADER라고 부른다. 참고로 큐 그레이더의 확산 속도는 한국이 전 세계에서 가장 빠르다.

고품질임에도 합리적인 가격인 스페셜티 커피의 가격 형성에는 커피의 품질만큼 현지인의 생활과 최저 생계, 환경 윤리적인 부분에도 관심을 기울인 스페셜티 커피 초기 공동체의 역할이 컸다고 판단된다. 마이클 와이즈먼 Michaele Weissman의 〈신의 커피〉라는 책에는 미국의 스페셜티 커피 업체인 인텔리젠시아, 스텀타운, 카운터컬처 등의 업체가 커피 산지를 다니면서 양질의 커피를 구하는 과정이 생생하게 나타난다.

해외의 경우는 윤리적인 부분과 품질이 우수한 스페셜티 커피 업체들에 소비자의 팬덤과 열렬한 지지가 이어져 이제는 견고한 시장을 유지하고 있다면, 한국의 향후 방향은 어떻게 될지 약간의 염려와 긍정적인 기대가 교차된다. 그런 의미에서 스페셜티 커피의 열풍은 미식 분야뿐만 아니라 사회 운동 혹은 소비자 운동으로도 개념이 확대되는 중이라고 할 수 있다.

스페셜티 커피. 너무 복잡하게 생각할 필요 없다. 맛있는 커피 한 잔일 뿐이다. 하지만, 일부 매장에서는 고급이라는 의미의 마케팅으로만 사용하는 부분도 있으니 이 부분은 조심스럽다.

CHAPTER 2

스페셜티 커피 in 마포

홍대앞 스페셜티 커피를 정복했다면
가까운 마포권으로 커피 마실을 나가보자.

Mad coffee

매드 커피

여의도에 입성한 마성의 스페셜티
커피 전문점

홍대앞 좀비 커피, 이태원의 헬 카페와 함께 한국 스페셜티 커피 업계의 마성의 커피로 유명한 여의도 매드 커피. 리브레 출신인 김영현 대표는 본명보다 라임 바리스타라는 별칭으로 더 유명하다. 정확한 이유는 모르겠지만, 아마 라임이 들어간 칵테일을 잘 마시고 만들어서 그런 것이 아닐까 싶다.

직장인이 많이 몰려 있는 여의도의 특성상 스페셜티 커피 업체가 상륙하기 어려운데, 매드 커피는 앞서 자리를 잡은 '주빈 커피'에 이은 신생 스페셜티 커피의 여의도 입성이라 할 수 있다. 매드 커피가 유명해진 것은 커피 블로거인 '베이루트'의 방문기 때문이기도 한데, 미학을 전공하고 음악과 커피에 조예가 깊은 '베이루트'의 '카모메 식당'은 커피 업계의 필독 블로그로 추천하고 싶다.

동여의도 주상복합 지하에 있는 매드 커피는 실험적인 매장 분위기와 전위적인 커피 성향 때문인지, 붉은색 '체 게바라'

과테말아

National Winner
₩ 16,000

두라스

CHE

에식

...ional Winner
18,000

COLD SHOT
₩15,000

◆좋은 커피를 만들 때는 좋은 원두뿐만 아니라, 좋은 물이 필요한 것은 당연하다. 한쪽 벽면에 걸려 있는 미네랄 정수기가 눈에 들어온다.

그림의 도발적인 분위기 때문인지 모르겠지만, 매드 커피라는 이름이 왠지 잘 어울리는 것 같다.

매장에서 소화하는 커피는 라임 바리스타가 직접 로스팅한다. 대부분 스페셜티급 원두의 블렌딩이지만, 커피 가격은 저렴해서 호주머니가 가벼운 주변 직장인에게 아주 인기가 많다. 여의도 매장의 특징인 점심 러시가 끝나면 조금 한가해지므로, 시간을 두고 천천히 커피를 마시려면 오후 시간에 방문하는 것도 좋다. 핸드드립 바 앞의 좌석도 좋고, 오픈 공간의 테이블도 괜찮다.

커피 구성은 COE급 중에서 가장 합리적인 가격 구성인 내셔널 위너(COE 예선 통과 커피로 스페셜티 커피 품질) 등급을 많이 사용하며, 에스프레소 블렌딩과 핸드드립용 싱글오리진 커피 등을 시즌에 맞춰 신선하게 공급한다.

그리고 비밀이지만, 매드 커피의 하이라이트는 진을 넣은 칵테일인데, 라임 바리스타가 혼자 마시기 위해 학습한 비법의 노하우로 만들어진다. 매드 커피에서 싱글 에스프레소 한 잔 후 라임 바리스타가 직접 만들어주는 칵테일 한 잔을 마실 수 있다면, 운수 좋은 날일 것 같다. 정말 좋고 가격이 비싼 진을 사용하고 신선한 라임을 넣어 만들며, 경우에 따라서는 칵테일을 만들 때가 더 진지하기까지 하다.

메뉴
카페라테 – 4천원
핸드드립커피 – 5천원
진토닉 – 8천원~1만원
로스팅머신
프로밧 L5
에스프레소머신
라마르조코 GB5 EE 3그룹

주소
서울 영등포구 여의도동 43-4 롯데캐슬IVY B130호
전화 02-780-3145
영업시간 11:00~21:00
휴무 매주 일요일, 공휴일 휴무　**주차** 가능

앤트러사이트

오래된 폐공장을 개조한
독특한 카페

카페는 공간이 먼저일까? 아니면 커피가 먼저일까? 마치 닭과 계란처럼 영원히 풀리지 않는 숙제인 것 같다. 커피가 기본이 되는 것은 당연하지만, 창의력 없는 공간이라면 왠지 아쉽고 커피 맛을 반감시키는 것 같기도 하다. 반면에 공간만 좋다면, 너무 상업적인 장소 같아 싫증이 난다.

스페셜티 커피를 취급하는 카페 중 '공간'을 가지고 순위를 매긴다면, 당인리 발전소 앞 앤트러사이트가 한국 최고의 공간이라 할 수 있을 것 같다. 오래된 폐공장을 개조했지만, 공장의 거친 질감을 유지하면서도 세련되고 매끈하게 꾸며놓았다. 준수한 스페셜티 커피를 취급하면서도, 그다지 상업적이지 않게 꾸민 앤트러사이트 공간의 힘과 느낌은 남다르다.

외부는 1970년대 외관을 그대로 유지하고 있고 쪽문 같은 작은 문을 통과하면 나오는 내부의 1층에는 빈티지 로스터 3대가 비치된 로스팅 공간이 있는데, 기괴한 느낌이 든다. 공장

용 레일을 그대로 방치해 놓은 디저트와 커피 판매대는 깔끔하지만, 투박하고 독특하다. 1층이 커피 판매대와 로스팅 공간이라면, 내부 계단을 올라가 또다시 쪽문을 열어 들어가는 2층은 아주 거친 질감을 살리면서도 창의적인 공간이다. 가구 업체와 공동 작업한 소파들은 화려하지 않지만, 기능적이고 간결하며 편안하다.

뉴욕에서 철학을 공부한 김평래 대표의 흔적이 매장 구성에 녹아나는데, 몽상적인 철학가이면서도 실천 철학으로 조명받는 '가스통 바슐라르'를 좋아해서 대표적 블렌딩 이름을 '공기와 꿈'이라고 지었다고 한다.

이전까지는 가성비가 좋은 커피를 취급했다면, 최근에는 스페셜티 커피를 취급하면서 커피의 품질이 더욱 향상되었다. 매장의 대부분을 책임지는 오리온 로스터의 경험과 실력이 최근 상승세의 원동력이 아닐까 추측된다. 한국 스페셜티 커피 업계에 몇 안 되는 여자 로스터지만, 머신에 대한 높은 이해도와 다양한 생두를 로스팅한 경험은 한국 커피 업계의 중요한 자산이다.

메뉴
브루잉커피 – 5천원~7천원
에스프레소 – 4천원
카페라테 – 6천원
로스팅머신
프로밧, 고도
에스프레소머신
시네소

주소 서울 마포구 합정동 357-6
전화 02-322-0009
영업시간 월~토 11:00~24:00 | 일요일 11:00~23:00
휴무 연중무휴 **주차** 가능

Coffee Temple

커피 템플

한국 최고의 베리에이션을
맛보다

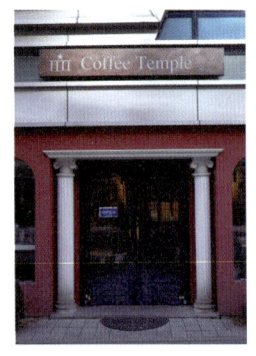

한국의 바리스타 4대천황 중에서 가장 연장자이지만, 꾸준히 대회에 입상하는 커피 템플의 김사홍 대표는 템플 소속 후배 바리스타의 발전에도 심혈을 기울여 항상 좋은 결과를 내고는 한다. (2013 KBC 바리스타 챔피언십에서는 커피 템플 소속 김재윤 바리스타가 2등에 입상하였다.) 영화인을 꿈꾸다가 서른이 넘는 나이에 바리스타를 시작한 김사홍 바리스타는 척박한 현실에서도 후배들을 살뜰하게 챙기는 것으로 유명하다.

커피 템플에는 한국 스페셜티 커피를 상징하는 몇 가지 특징이 있는데, 첫 번째는 리브레와의 관계. 지금은 리브레가 유명세를 톡톡히 치르는 업체가 되었지만, 과거 서필훈 대표가 서울 보헤미안을 나와서 연남동 자그마한 커피 공방으로 시작할 때부터 이미 업계의 스타 바리스타였던 김사홍 대표는 본인의 첫 번째 독립 매장의 커피를 리브레에서 가져오는 모험을 단행한다. 어려운 시절을 함께한 인연인지, 리브레와 템플의

동반 발전 속도는 눈부시며, 로스터리와 바리스타 매장의 대표적 협력 관계로 손꼽힌다. 커피 공방 리브레는 김사홍 바리스타라는 훌륭한 바리스타의 피드백을 받고, 템플은 리브레의 다양한 로스팅과 템플 맞춤 로스팅까지 공급받으니, 마치 영국의 '스퀘어 마일'과 '밀크 바'의 협업 관계를 연상시킨다. 세계 최고 수준의 로스터리인 '스퀘어 마일'은 독립 매장인 '밀크 바'에 한해서만 전용 로스팅 커피를 공급하는 것으로 유명하다.

다음으로는 템플의 화려한 베리에이션 커피 메뉴다. 최고 수준의 바리스타와 로스터리의 궁합 외에도 커피 템플이 유명해진 것은 유자아메리카노와 탄제린카푸치노 등 베리에이션 음료 덕분이다. 파이브 익스트랙츠의 시그니처 음료가 시합용 창작 메뉴에서 시작되어 유명세를 얻기 시작했다면, 템플의 창작 메뉴는 전문가와 일반인 모두 경탄을 금할 수 없는 메뉴라 할 수 있다. 단순히 커피에 가향, 가당을 한 음료라 생각할 수도 있지만, 템플의 베리에이션 커피는 원두 본연의 아름다운 산미에 대한 이해를 바탕으로 제작된 창작 메뉴다. 대외적으로는 김사홍 대표가 유명하지만, 사실 메뉴 창작의 대부분은 부인인 신채용 바리스타가 전담하고 있다.

실력뿐만 아니라 인격까지 뛰어난 김사홍 대표 덕택에 커피 템플은 바리스타 후배들이 자주 방문하는 곳으로 유명하며, 그의 한결같이 변함없는 모습은 여러 사람에게 좋은 귀감이 되는 듯하다. 한국 최고의 창작 메뉴를 자랑하는 템플이지만, "매장에서 가장 중요시하는 것은 기본이 되는 커피"라는 김사홍 대표의 신념이 인상적이다.

템플 커피의 기본 에스프레소 블렌딩은 리브레 블렌딩 중 가장 품질이 좋은 배드블러드다. 창작 메뉴뿐만 아니라 에스프레소도 마셔볼 것을 추천한다. 에스프레소가 쓰지 않다는 것을 처음으로 알게 해 준 매장이다. 방문 예정이라면, 점심 시간 이후 바쁠 때는 피하는 것을 권장한다. 점심 시간에는 상암동 주변의 대기업 직원 전부가 몰려오기라도 한 듯 바쁘다.

에스프레소와 창작 메뉴가 워낙 유명하지만, 핸드드립 스페셜리스트인 곰다방 출신의 송대웅 바리스타도 있으니, 근무 시간을 확인 후 방문한다면 다양한 세트메뉴를 맛볼 수도 있다.

창작 메뉴: 바리스타 대회에 반드시 포함되는 메뉴로, 에스프레소 베이스에 다양한 첨가물을 넣는 창작 메뉴. 초기에는 단순한 가향이나 가당이 대부분이었다면, 최근에는 커피 원두의 본질적 특징인 과일 향, 꽃 향, 산미, 바디 같은 특징을 부각하는 창작 메뉴를 많이 선보인다. 즉 커피 원두의 정확한 이해에 기반을 두면서도 창의적인 메뉴 선택이 중요해졌다.

메뉴
에스프레소 - 3천5백원
텐저린카푸치노, 유자아메리카노 - 각 5천원
로스팅
협력외부 로스터리(리브레)
에스프레소머신
라마르조코 FB-80 3그룹

주소 서울 마포구 상암동 1605 누리꿈스퀘어 r100호
전화 02-2132-8051
영업시간 평일 08:00~21:00 | 토요일 12:00~21:00
휴무 공휴일 휴무　**주차** 가능

Conhas

콘하스

전국의 수준 있는 로스터리 원두를
맛볼 수 있는 한국 최초의 원두 편집매장

커피 콘하스의 건물은 홍대입구에서 서교동으로 가는 2차선 도로 옆에 컨테이너로 지어진 멋진 모습을 하고 있어, 카페로 변신하기 전부터 건물의 존재감만으로 널리 알려졌다. 컨테이너로 만들어졌지만, 내부는 아늑하고 멋진 콘하스 건물은 처음에는 프로덕션 공간으로 시작했지만, 1층과 2층 일부 공간이 카페로 탈바꿈했다.

콘하스가 지향하는 바는 편집매장이다. 템플과 같이 로스터와 바리스타 매장이 밀접한 경우가 가끔 있기는 하지만, 콘하스는 하나의 로스터리와 협업을 하는 것이 아니라 전국의 수준 있는 로스터리의 커피를 교차 혹은 동시에 사용한다. 예를 들자면 분당의 핫 플레이스 알레그리아, 아름다운 커피를 선보이는 나무 사이로, 부산 커피의 선구자 모모스, 홍대의 뜨거운 로스터리 테일러 커피까지 포함된다.

이런 편집 매장은 한국에서는 최초다.(해외에서는 호주 시

◆품질 좋은 수준 있는 로스터리 원두를 만나보고 싶다면 최고의 편집매장 콘하스로 가보자.

드니에 '큐브온베이' 라는 매장이 편집매장으로, 게스트 커피빈을 사용한다.) 매장 입장에서는 다양한 커피 원두만큼 추출 세팅 설정이 복잡하겠지만, 소비자에게는 한 자리에서 다양한 커피를 마셔볼 수 있는 좋은 기회라고 생각한다. 머신은 하이엔드 머신 중 가장 복잡한 슬레이어 Slayer 머신을 구비했고, 추출 설정은 가장 안정적인 상태로 세팅했다.

다양한 로스터리의 커피가 있다는 점, 또 공간의 입체감이 좋다는 점이 매장이 조금 외진 곳에 있다는 단점을 상쇄하고 있다. 준수한 공간에 다양한 커피와의 궁합만으로도 방문할 목적이 되기에 충분하다. 최근에는 베이커리가 더욱 보강되어, 커피와 함께 즐기는 케이크가 더욱 풍성해졌다.

슬레이어: 시네소 머신의 기술자들이 독립해서 만든 머신으로, 최초로 추출 압력의 변화와 다양한 변수 조절이 가능해진 에스프레소 머신. 비다스테크에 한국 최초로 슬레이어가 들어왔었다. 지금은 콘하스와 나무 사이로 매장에 비치되었다.

메뉴
에스프레소 - 5천원)
핸드드립 - 5천원~7천원
로스팅
협력외부 로스터리
에스프레소머신
슬레이어 3그룹

주소 서울 마포구 서교동 468-17
전화 02-325-0792
영업시간 월~금 11:00~23:00 | 토, 일 12:00~23:00
휴무 명절 휴무 **주차** 불가

파이브 브루잉

국내 최초의 브루잉 커피 전문점

실력 있는 바리스타는 많지만, 꾸준히 대회에 입상하는 경우는 그렇게 많지 않다. 그런 의미에서 입상권 바리스타들이 한 매장에서 근무하는 것만으로도 화제가 된다. 파이브 브루잉의 도형수 대표는 파이브 익스트랙츠의 창업 멤버다. 파이브 익스트랙츠의 최현선 바리스타와 파이브 브루잉의 도형수 바리스타의 아름다운 우정은 바리스타의 세계뿐 아니라 냉혹한 비즈니스 세계에 모범을 보여주는 듯하다.

매장을 독립하는 과정에서도 통일된 아이덴티티를 공유하면서, 우정도 변함없고, 도형수 바리스타의 프러포즈 여행에 최현선 바리스타가 동참할 정도로 두 사람의 모습은 변함없다. 에스프레소 시그니처 음료가 유명한 파이브 익스트랙츠와 달리, 한국의 손꼽히는 사이포니스트 도형수 바리스타는 다양한 브루잉 메뉴에 집중하고 있다. 도형수 대표의 특징인 사이폰이 가장 특징적이지만, 핸드드립, 케멕스, 에어로프레스 같은

파이브 브루잉의 시그니처 드링크.

Sugar Browning에 초점을 두어 고소하고 달콤한 맛을 느낄 수 있는 견과류 음료이다.

시그니처 드링크: 아로마의 3분류(Enzymatic, Sugar Browning, Dry Distillation) 가운데 Enzymatic에 초점을 두고 에스프레소를 추출해 작은 잔에 담는다. Sugar Browning에 초점을 두어 고소하고 달콤한 맛을 느낄 수 있는 견과류 음료는 큰 잔에 담는다. 이렇게 두 개의 잔에 나뉘어 서브된 음료는 우선 각자의 향을 음미한 후, 작은 잔의 에스프레소를 큰 잔에 부어 흔들어 마신다.

다양한 브루잉 추출과 수 차례 시합에 참여하면서 개발한 여러 창작 메뉴가 메뉴판에 빼곡하다.

커피 생두 공급 업체인 엠아이 상사와 공동 작업으로 최신 입고되는 다양한 커피 생두를 여러 가지 추출 방식으로 시음할 수 있는 브루잉 행사도 수시로 개최하는데, 늦은 시간임에도 커피 애호가와 전문 바리스타의 참여로 인산인해일 때가 많다. 머신은 기센 Giesen 로스터이며, 브루잉이 전문인 매장이지만, 에스프레소 머신 추출도 가능하다. 진한 아메리카노는 아니지만 달고 맛있다. 가장 대표적인 메뉴는 도형수 대표의 광사이폰 추출이다. 논현동 그린 마일과 함께 사이폰 추출이 가장 좋다고 평가 받는다.

사이폰 : 일본에서 처음 시작된 추출 방식으로, 진공식 추출 방식에서 시작했다. 순간적으로 추출이 이뤄지기에 바리스타의 추출 방식에 대한 이해도에 따라서 결과물의 차이가 매우 심해진다. 한동안은 직화식이라 약간의 오차도 있었지만, 최근 할로겐 방식으로 열 공급이 바뀌면서 추출 온도가 일정해져 스페셜티 커피의 추출에도 아주 좋다.

메뉴
브루잉 커피 – 6천원~1만2천원
시그니처드링크3, 시그니처드링크4 – 각 6천원
로스팅머신
기센 W1
에스프레소머신
라마르조코

주소 서울 서대문구 연희동 446-176
전화 02-322-7197
영업시간 11:00~23:00
휴무 연중무휴 **주차** 가능

커피의 맛이란 무엇일까?

책을 시작하기 전부터 커피의 맛에 대한 질문을 가장 많이 받았다. 굳이 말하자면, 전세계의 표준인 미국 SCAA 산하 CQI (미국 스페셜티 커피 협회 커피 품질 연구소)의 정의인 Fragrance, Flavor, Acidity, Body, Aftertaste, Sweetness, Clean-cup, Balance 등을 구체적으로 표현하는 것이 정확하겠지만, 사견으로는 전문적인 커피 테이스팅을 할 게 아니라면, 간단한 몇 가지 특징만 알아도 최신 유행의 커피를 이해하는 데 그다지 어려움이 없을 것이다.

1. 향미

문자 그대로 커피의 향기. 스페셜티 커피는 다양한 향기가 있는데, 커피에서 나타나는 모든 향기를 의미한다. 생각보다 영역이 넓은데, 큰 범주로 정리하자면 과일향기, 꽃향기, 초콜릿, 캐러멜, 송진, 토질과 같은 향도 감지된다. 과일향기는 10여 가지 이상, 꽃향기도 10여 가지, 초콜릿의 강도와 질감에 따라 5가지 정도, 캐러멜에서도 5가지 정도로 구분된다. 소나무, 풀의 느낌인 Grassy, 인삼의 느낌과 비슷한 Potato 등은 한국인에게는 호감이 느껴지는 향기지만, 전문 영역에서는 Defect로 분류되어 감점 요인이 되기도 한다. 이런 Potato 향미는 커피 가격 하락의 요인이지만, 한국인의 입맛에는 가격대비 좋은 커피로 인식되기도 한다. 한국뿐만 아니라 국가별로 약간의 뉘앙스의 차이는 존재한다.

2. 산미

산미는 향미와 중첩되기도 하지만, 커피 평가에서 중요한 항목이기도 해서 별도로 분리했다. Acidity로 정확히 설명이 되는데, 시큼한 맛을 의미하는 디펙트인 Sourness와 명백히 구분된다. 다만, 한국인의 기호로는 두 가지의 구분이 모호하다. 우아하고 깔끔한 맛을 의미하는 산미가 불편하고 거북한 시큼한 맛으로 인식되기도 해, 커피인이 소비자와의 소통에서 가장 어려워하는 부분이다. 개인적인 경험을 비춰보자면, 우아하고 상큼하게 느껴지면 좋은 향기라 할 수 있다. 조금 어렵지만, 스페셜티 커피의 가장 커다란 특징 중 하나이므로 익숙해지는 것이 좋을 것이다.

3. 질감

브라질 커피에서 많이 나타나는 특징이다. 입안에서 느껴지는 무게감인 바디와는 비슷하면서 조금 다르다. 커피 평가 영역에서는 바디 항목이지만, 처음부터 이를 인식하려고 하면 진한 커피의 느낌과 바디를 구분하기가 더 어렵다. 그래서 고소함이라는 느낌에 집중해보면, 커피의 질감이나 바디를 평가하는 데 중요한 역할을 하는 지방 성분의 느낌을 충분히 기억할 수 있을 것이다. 땅콩 같은 고소함이 얼마만큼 부드럽고 편안하게 느껴지는가에 따라 커피의 품질이 차이가 난다.

4.   후미

Aftertaste. 모든 음식의 평가에 나타나는 중요한 항목이며, 입안에 맴도는 여운을 의미하는데, 스페셜티 커피와 커머셜 커피의 차이점으로 가장 많이 부각되는 부분이기도 하다. 스페셜티 커피는 입안에 감도는 여운이 깊고 우아하다. 다른 항목인 클린컵과의 연관성도 깊다.

5.   달콤함

Sweetness. 최근 들어 더욱 부각되는 커피 맛의 영역으로, 좋은 커피는 자연스럽게 발화되는 단맛이 좋다. 산미 부분은 한국인이 혼란스러워하지만, 스위트니스가 좋은 커피는 누구나 호감을 느낀다. 좋은 커피의 산미와 단맛은 자연스러운 복합체이기에 로스팅 과정에서 인위적으로 산미를 배제하다 보면 단맛까지 사라지는 경우도 많다. 일부 커피는 태생적으로 단맛이 극도로 좋은 경우도 있다. 사견으로는 최고의 스위트니스는 하와이코나 엑스트라팬시였다. 유통이 어려워 하와이 현지에서 구입해야 하는 호놀룰루커피컴퍼니의 제품을 추천한다.

6.		밸런스
조화를 의미하는 밸런스는 위의 여러 가지 맛이 얼마나 자연스럽게 어우러졌느냐의 느낌이다. 일부 항목은 독립적으로 도출되기도 하지만, 어떤 부분은 다른 부분과 융합되어 더욱 복합적으로 느껴지기도 한다. 복잡하더라도 입안에서 다양한 맛과 향기가 기분 좋게 느껴지면 좋은 커피이다.

설명이 장황하지만, 그렇게 복잡하게 생각하고 암기할 필요는 없다. 내 입에 맞는 커피가 좋은 커피다. 다만, 우리가 커피 고유의 쓴맛이라 생각하는 부분은 탄 맛에서 오는 경우가 많다. 이런 부분까지 이해하고 불 맛을 좋아한다면 그것도 좋지만 (실제로 전문가 중에서도 그런 불 맛을 좋아하는 사람이 있다.), 한 잔의 커피에는 달콤하고 향기로운 여러 가지 맛이 있다는 점만 기억해주었으면 좋겠다.

CHAPTER 3

스페셜티 커피 in 사대문

고즈넉한 분위기의 사대문 인근에는
소문난 커피 매장이 여럿 있다.

나무 사이로

향기롭고 아름다운 커피의 향연

'나무 사이로'라는 매장 이름과 '딜쿠샤', '나무다크', '봉우리' 같은 커피 블렌딩 이름을 소개할 때면 입안에서 맴도는 그 어감이 참 좋다. 그래서 어떤 이들은 카페 나무 사이로를 감성 넘치는 여성스러운 매장으로 오해하기 쉬운데, 나무 사이로는 리브레, 엘 카페와 함께 스페셜티 커피 업계에서 가장 신뢰받는 마이크로 로스터리(소규모 배전매장)로 손꼽힌다. 이름이 주는 어감만큼이나 매장이 멋있고 아름다운 커피를 취급하는 곳으로 유명하다.

나무 사이로는 전 세계적으로 가장 독창적으로 알려진 스페셜티 생두 공급 업체인 나인티플러스(커핑 품질 지수 90점 이상의 커피를 취급한다는 취지가 이름에 반영됨)의 커피를 한국에서 가장 많이 취급하며, 세계 최고 가격 커피로 알려진 게샤 Geisha 혹은 비슷한 뉘앙스의 향미가 화려한 커피를 선보인다. 대표적인 것이 파나마 나인티 플러스 게샤와 에티오피아

立春大吉
建陽多慶

나인티 플러스 네키세 커피인데, 네키세 Nekisse 는 2010년 미국 뉴욕에서 선을 보였을 때 당시 최고가 커피로 화제가 되어 뉴욕타임즈에 특별 기사가 게재되었다. 네키세는 자몽을 머금은 장미향과 재스민향, 부드럽고 진한 질감과 깨끗한 뒷맛으로 커피가 가진 모든 향미를 포함하고 있다. 게샤와 네키세는 거의 유사한 향미로, 단맛의 느낌과 질감에서 조금씩 차이가 느껴진다.

한동안 승승장구했던 나무 사이로지만, 얼마 전에는 이전 건물주의 요구에 따라 매장을 옮기게 되었다. 이전 자리는 상가주가 다른 이름으로 커피숍을 오픈했다. 임대차보호법과 상식선에서 다소 혼란스러운 부분이기도 하지만, 이를 계기로 광화문의 주상복합 1층 상가에서 내자동의 한옥으로 옮긴 나무 사이로는 한국 최고의 한옥 커피 매장으로 탈바꿈했다. 오래된 한옥을 개축하면서 뼈대를 제외한 부분을 모두 수리했지만, 한옥이 주는 고즈넉함, 한가함과 편안함을 완벽하게 재현해서 커피와 공간이 하나로 합체가 되는 아름다운 매장으로 변신하였다.

매장을 바꾸면서 메뉴 구성도 더욱 다양해졌다. 점심 시간에는 간단한 스낵도 가능하고 나인티플러스 계열의 아름답고 향미 좋은 단종 커피를 에스프로프레스 추출로 마실 수 있다. 계절별 에스프레소 블렌딩은 단맛에 무게를 준 편안한 커피를 지향한다. 에스프레소 머신은 라마르조코 La Marzoceo GB5와 함께 최첨단 머신 슬레이어 Slayer 를 병행 사용하여 향미 발현이 아주 극단적인 커피 추출을 할 예정이다. 추천 메뉴는 네키세나 게샤 계열의 커피를 에스프로프레스로 추출한 블랙커피인데, 커피 평가를 떠나서 사적으로 가장 좋아하는 커피다.

개인적 감상으로는 삶의 무게가 버거울 때, 아름다운 한옥 매장에서 커피를 한 잔 마신다면 인생의 의미가 바뀔 수 있을 것 같다. 슬플 때 아름다운 커피가 위로가 된다는 것이 절실히 느껴진다.

이름이 주는 어감만큼이나 멋있는 매장에서
아름다운 커피를 맛볼 수 있다.

게샤: 에티오피아에서 시작되고 파나마에서 꽃을 피운 커피 종자. 노르웨이의 천재 커퍼 팀 윈들보가 커핑(cupping) 역사상 최고 점수로 평가한 후 대중들의 관심을 받음. 파나마 에스메랄다 농장의 게샤 커피가 가장 유명하고 최고가(일반 커피의 100배 정도의 가격 형성)를 기록했다. 최근에는 나인티 플러스 농장의 게샤도 동반 상승 중이다. 오렌지, 자몽, 장미, 재스민의 향미에 초콜릿과 캐러멜의 맛과 질감. 풍부하고 깊은 여운으로 가장 다양하고 밸런스 좋은 커피로 알려졌다. 경우에 따라서는 다양한 향미 때문에 부담스러울 수도 있다. 에티오피아 원산지가 게샤로 추정되어서 이름이 지어졌으며, 일본과는 아무런 상관관계가 없다.

메뉴
에스프레소 - 4천5백원
푸어오버 - 6천원~1만원
로스팅머신
태환 T3
에스프레소머신
라마르조코 GB5, 슬레이어

주소 서울 종로구 내자동 196
전화 070-7590-0885
영업시간 06:00~23:00 | 주말 10:00~23:00
휴무 명절 휴무　**주차** 가능

보통

결코 보통스럽지 않은
이태원 스페셜티 커피

이태원 입구 언덕 위의 카페 보통. 보통의 커피를 꿈꾼다 하지만, 보통스럽지 않은 커피로 이태원 스페셜티 커피의 지평을 열었다고 자타가 인정하는 매장이다. 전직 방송 작가 출신인 보바리(최근화 바리스타)와 재무 설계로 고소득을 자랑하던 사장님이(사실 사장님과 바리스타는 자매지간이다.) 의기투합하여 창업했는데, 이태원의 감각적인 '잇 바'와 '잇 퍼브' 사이에서도 전혀 주눅들지 않고 당차게 스페셜티 커피를 보급하고 있다.

붙임성 많고 사교성 있는 두 자매의 활약 덕택에 이태원 언덕길 전체 분위기가 활발해졌다는 것이 동네 매장의 일관된 평가이다. 옆의 맥줏집과도 매우 친해서 가끔은 커피와 생맥주를 교환해서 마시는 장면을 목격하기도 한다. 초기에 보통을 널리 알려지게 한 것은 범상치 않은 인테리어인데, 과하지 않지만, 여자들이 좋아하는 인테리어에 아기자기함까지 갖추고

있어서 다른 카페 주인도 참고 사례로 많이 방문한다.

위트 있고 아름답고 분위기 좋은 카페로 알려지기는 했지만, 보통의 최근화 바리스타는 월드 브루어스컵^{WBrC} 한국 대표 선발전 본선 진출, 에어로프레스 추출 챔피언십 2등에 빛나는, 브루잉 분야에서는 국내에서 손꼽히는 바리스타다. 전직인 방송 작가 일이 너무 힘들어 한가한 카페에서 보통스러운 일만 하고 싶어 창업했다고 하더니 매장을 오픈하고서도 엄청 바빠서 고생 중이다. 쉬는 날도 다른 매장, 주로 이태원 경쟁 매장(헬 카페, 원더 커피, 리브레) 바리스타와 친분을 쌓느라고 분주할 정도로 이태원 스페셜티 커피 공동체를 아름답게 가꾸고 있다.

오픈 초기부터 요나와 미파의 비건(베지테리언) 푸드와 파이 등을 공동으로 작업해서 당시에 많은 화제가 되었다. 요나와 미파도 보통과의 작업 이후 더욱 활기를 띠어, 이태원에 비건 음식과 파이를 전문으로 하는 매장 '플랜트'를 오픈하는 계기가 되기도 했다.

보통은 브루잉 계열 커피, 핸드드립과 에어로프레스 추출이 좋고, 아메리카노도 아주 좋다.

외부 로스터리와 협업을 하고 있는데, 에스프레소 커피는 그라피티의 라블오를 사용하고, 브루잉은 송훈 대표의 101, 혹은 부산의 어웨이크 커피 등을 사용한다. 이종훈 바리스타가 창업을 한 그라피티 커피는 도매 업무만 전담하는 곳으로, 바리스타 출신이 준수한 결과물을 생산하는 B2B 로스터로 손꼽힌다.

보통의 특별 메뉴로는 여름철에 커피 과육으로 만든 카스카라아이스티도 가능하다. 미국 버브^{Verve} 커피에서 직수입해 사용하는데, 국제 택배가 국내 수요를 감당 못할 때가 많아서 허탕치는 경우도 있다. 보통의 에스프레소는 마시는 방법이 특이한데, 에스프레소를 반쯤 마신 후 우유를 첨가해서 마시면 우유 지방 성분이 잔여 커피 향기를 함유하며 끌고 내려가는 느낌이 들면서 여운이 더욱 좋아진다. 커피의 선정에서도 우유와의 밸런스를 고려했고, 그라인더의 설정 역

◆이국적인 분위기에서 즐기는 보통스럽지 않은 커피 한 잔.

시 이 부분을 중시한다. 그래서 마키아토, 코르타도, 플랫화이트, 라테 등 우유를 첨가한 커피들이 사이즈별로 있다.

꽃향기와 커피 향기를 구분하기가 어려울 정도로 꽃이 많은 매장에 커피 추출까지 정확하고 섬세해서 좋다. 개인적으로는 이태원에 스페셜티 커피를 보급했다는 점에서 의미 있다고 생각한다. 사회공헌 활동으로 아티스트들과도 협업하여 매장 휴일에는 다양한 작업이 벌어지기도 한다.

카스카라: 과거에는 폐기되던 커피의 외피 과육(체리의 과육과 유사한 맛과 향기가 남)을 이용하여 만든 차. 카페인이 적고 비타민이 많으며, 대추차와 감잎차 같은 뉘앙스를 풍긴다. 2011년 WBC 챔피언 알레한드로의 창작 메뉴에 들어간 후부터 대중적으로 많이 알려졌다.

메뉴
라테, 아메리카노 - 각 5천원
플랫화이트 - 5천5백원
로스팅
협력외부 로스터리
에스프레소머신
비비엠미 레프리카

주소 서울 용산구 이태원1동 455-23번지 1층
전화 070-8264-3720
영업시간
화요일~토요일 13:00~23:00 | 일요일 13:00~21:00
휴무 월요일 휴무, 공휴일 휴무   **주차** 불가

―― Beautiful coffee ――

아름다운 커피

A Cup of Fair Trade Coffee

공정무역커피와 스페셜티 커피가 비슷한 흐름으로 느껴지던 시기가 있었다. 하지만, 공정무역은 생산자를 보호하기 위해 생두 구매 가격을 윤리적 수준에서 유지하는 시스템이고, 스페셜티 커피는 좋은 품질의 커피를 일반 커피보다 월등한 가격에 구매하는 시스템이다. 둘 다 윤리적이라는 입장에서 소비자들에게 지지를 받지만, 공정무역커피와 스페셜티 커피는 분명히 지향점이 다르다.

그래서 대부분의 공정무역 커피는 아직까지는 일반적인 상업등급의 커피지만, 최근 들어 아름다운 커피는 전 세계 공정무역 커피 중 가장 획기적인 시도를 반복하면서 꾸준히 산지의 커피 발전에 좋은 결과물을 보여주고 있다.

2012년에는 네팔 커피 역사상 최초의 큐 그레이더를 초청하여 현지 커피 농민을 위한 커핑 교육을 최초로 진행했다. 2013년에는 서필훈 리브레 대표, 송인영 한국 큐 그레이더 1세

대, 유종규 카페 드 벤 대표, 박수현 오픈 앨리 커피 디렉터의 자발적 재능 기부로 이루어진 네팔 커피 품질 개선 품평회가 한국에서 개최되었다. 2013년 행사 때는 네팔 커피의 아버지로 꼽히는 프라찬다 아름다운 커피 고문이 한국을 방문했는데, 이날의 커핑 결과가 네팔 커피 프로세싱 전체를 바꾸는 계기가 되었다. 이는 네팔 커피 업계에 전례가 없는 일로, 당시 네팔의 현지 커피인에게는 굉장히 의미 있는 행사였다. 2013년부터는 일회성 행사를 넘어 다양한 산지 지원 시스템을 계획 및 실천 중이다. 생산자 파트너십 한수정 국장은 자발적으로 직급을 다운그레이드 하면서 현지에 파견되어 산지와 소비자를 이어주는 다양한 활동을 통해 산지 지원 시스템을 구축하고 있다.

참고로 네팔은 세계의 3대 최빈국으로 꼽히는데, 수도인 카트만두에서도 전기 공급이 원활하지 않고 일부 관광산업을 제외하고는 모든 산업 기반이 전무하다. 카투만두에서 커피 산지인 굴미까지 200킬로미터의 이동을 위해 12시간이 소요될 정도다. 대중교통을 이용하면, 이틀 정도의 시간이 소요될 때도 많다. 저개발국가의 특성상 빈부의 격차가 심하고, 산간지역에서는 실제로 호랑이가 출몰하기도 하지만(정말이다), 대다수 네팔인의 가슴은 참 따뜻하다. 그냥 하는 말이 아니라, 정말 네팔 사람들은 눈물이 날 정도로 순박하다. 바로 옆의 인도 사람이 비슷한 환경에서도 행동이 재빠른 것을 보면 자연스럽게 비교가 되기도 한다. 아마 광활한 히말라야 산맥을 항상 바라볼 수 있어서 그런 것이 아닐까? 네팔의 속담에 히말라야를 평생 한 번 본 사람은 없다는 말이 전해지듯이, 히말라야를 한 번이라도 본 사람은 무엇인가에 홀리듯이 다시 찾아온다고 한다. 아름다운 커피의 네팔 현지 활동은 '히말라야의 선물' 이라는 책과 다큐멘터리에 자세히 기록되었다.

아직은 구체적이지 않지만, 조만간에는 네팔에서도 최초로 스페셜티 등급의 커피가 나올 것

으로 보인다. 몇 가지 샘플이 극적인 결과가 나왔는데, 지금 구체적인 생산 방식 및 처리 방식을 고민 중이다. 전 세계 공정무역 커피 업계에서는 가장 진일보한 생산자 품질 향상 시스템을 구축한 아름다운 커피의 행보에 앞으로 기대가 크다. 조금만 더 지금과 같은 애정어린 시선으로 지켜봐 주시길⋯.

아름다운 가게의 공정무역 파트로 시작된 아름다운 커피는 2014년에 독립법인으로 분리되었고, 새롭게 개장한 창덕궁 매장은 운치 있고 깔끔하다. 커피 이외에 다양한 음료도 준비되었고, 창덕궁 데이트를 마친 후 따뜻한 커피 한 잔이 생각날 때 방문하기 좋다. 매장에서 사용되는 모든 커피는 엄격한 공정무역 시스템을 통과한 네팔과 페루의 유기농 커피고, 홍차는 리쉬 ^{Rishi}의 공정무역 인증을 거친 차로, 각기 다른 종류의 차를 맛볼 수 있다.

메뉴
라테 – 3천원
아메리카노 – 2천5백원
로스팅
협력외부 로스터리
에스프레소머신
달라코르테

주소 서울 종로구 와룡동 106
전화 02-747-5004
영업시간 08:00~20:00
휴무 매주 일요일 휴무　**주차** 불가

―― Wonder Coffee ――

원더 커피

정통 이탈리아 에스프레소를
마시고 싶을 때

원더 커피를 지도 상에서 찾아보면, 보통, 헬 카페, 이태원 리브레와 함께 이태원을 사분하는 꼭지점에 있어 마치 이태원의 커피 스퀘어가 연상된다. 참고로 커피 업계에서 스퀘어 마일이라는 말은 영국 런던의 시내 지역을 의미했는데, 산업화 초기에 로이드를 비롯한 양질의 커피 매장이 생기기 시작하고 지식인이 몰리면서 자연스럽게 커피와 지식인이 몰리는 지역을 상징하게 되었다. 한동안 영국의 커피가 주춤했지만, 이런 저력이 지금의 스퀘어 마일 커피 로스터가 세계 최고 수준의 커피를 만들어내게 했는지도 모르겠다. 지금 태동하는 이태원의 커피 스퀘어가 언젠가 한국 스페셜티 커피 업계의 기초가 될 날이 올 수도 있지 않을까?

이야기가 조금 다른 곳으로 흘렀지만, 원더 커피는 타차도르 커피를 직수입해서 사용하고 피렌체에서 생산된 에스프레소 머신인 라마르조코 La Marzocco 머신을 사용하는 정통 이탈

리아 커피를 지향하는 매장이다. 그러면서도 가장 미국적인 커피로 상징되는 마이클 필립스(미국 최초의 WBC 챔피언)의 햅섬 커피를 사용했었기 때문에 지방의 바리스타도 멀리서 올라오고는 했던 곳이다. 박력 있는 커피를 표방하는 이탈리아 에스프레소와 달리 미국과 북유럽이 추구하는 커피는 향미 있고 섬세한 스페셜티 커피다. 굳이 설명하자면, 원조와 대세가 다른 모습을 하고 있다고 할 수 있다. 이탈리아의 방식이 틀리기보다는 아직 전 세계가 원조 커피의 깊은맛을 이해하지 못하고 있다고 보아도 될지 모른다.

이탈리아의 소문난 에스프레소인 타차도르를 직수입하느라 원가 부담이 상당하지만, 창업 초기의 정신을 잃지 않는 원더 커피는 지금도 좀 더 저렴한 커피로 바꾸고 싶은 생각은 절대 없다고 한다. 한국에서 드물게 제대로 된 이탈리아 에스프레소를 마실 수 있으며, 상표권 문제로 수입을 못하는 햅섬 커피의 자리는 국내의 다양한 로스터리에서 납품받은 스페셜티급 커피의 원두로 채우고 있다.

주문할 때 원하는 원두를 선택하면 적절하게 추출해서 제공한다. 커피뿐만 아니라 부가음료도 좋은데 한여름이라면 베리큐브를 추천한다. 정말 깜짝 놀랄 만큼 맛있다. 처음과 끝의 비주얼이 다르고 맛을 짐작할 수 없다는 점에서 베리큐브의 설명은 생략하겠다. 음료 이외에 티라미수도 훌륭하다. 매장에서 하루에 일정량만 만드는데, 원가와 판매 가격이 비슷하다는 후문이다. 값비싼 마스카르포네 치즈를 아낌없이 사용한 덕택에 가능한 맛이다. 오픈 시간에 한 판을 몽땅 사가는 '그분'이 가끔씩 오시는 날에는 오전 시간에 방문해도 티라미수 케이크를 못 먹는 수가 있다.

사슴의 눈을 닮아 선하게 생긴 사장님과 오랫동안 근무하며 추출을 책임져 온 이정호 바리스타의 팀워크가 좋아서 점심 시간 러시에도 원활하게 매장이 움직인다. 재밌는 것은 테일러 커피,

◆ 커피는 물론 함께 곁들일 수 있는 티라미수의 맛 또한 훌륭하다.

나무 사이로, 보통, 원더 커피의 내부를 설계한 디자이너가 동일하다는 점인데, 각 매장의 지향점을 정확히 포착하면서도 편안하게 일관된 느낌을 선사한다. 네 곳의 비슷하면서도 다른 느낌을 찾아보는 것도 좋을 것 같다. 동부 이태원이라 한강진역에 더 가깝고, 피짜리아 디 부자(속칭 부자 피자), 트레비아, 존슨탕으로 유명한 바다 식당까지 이태원의 유명 맛집과도 가깝다. 마지막으로, 유난히 연예인들이 많이 나타난다는 것이 목격자들의 증언이다.

메뉴
에스프레소 – 4천원
라테 – 5천원
베리큐브에이드 – 6천원
로스팅머신
협력외부 로스터리
에스프레소머신
라마르조코 FB 80 모델 2group

주소 서울 용산구 한남동 739-18 1층
전화 02-793-5521
영업시간
평일 09:00~22:00 | 주말, 공휴일 10:00~22:00
휴무 명절 휴무　**주차** 불가

Coffee Tour

커피 투어

광화문 커피 투어 1, 2, 3.
각자의 개성을 담아내다.

스페셜티 커피의 활황과 더불어 커피 투어를 다니는 애호가도 많아졌다. 서울 도심 커피 투어를 계획한다면 빼놓을 수 없는, 이름만큼이나 의미심장한 '커피 투어'를 추천한다. 나무 사이로 매장이 지척이지만, 두 개의 매장이 서로 갈등하지 않고, 다른 컬러의 커피와 매장을 선보이고 있다. 리브레와 이심과의 관계만큼이나 커피 투어와 나무 사이로의 이웃 관계는 보기가 좋다.

광화문의 주상복합 뒤편 주택가의 반지하 매장에서 시작한 커피 투어는 특이하게 구성된 오픈 핸드드립 바^{Bar}로 인해 광화문 주변 직장인이 점심 식사 후 반드시 들리는 휴식터로 유명해졌다. 이후 경복궁역 앞의 2호점에 이어서 최근에는 필운동의 3호점까지 광화문 지역 거점 커피 매장이 되었다.

1호점 초기에는 고노 스타일의 진하고 바디감 좋은 핸드드립 커피를 취급했다면, 최근에는 본래의 커피 취향을 잃지 않

으면서도 다양한 커피를 취급하기 시작했다. 특히 프로밧 Probat P5 로스터가 들어선 필운동 매장은 중형 커피 로스터리로 거듭나고 있다. 엘 카페와 나무 사이로와 함께 COE 커피 경매에도 참여해서 좋은 성과도 올리고 커피 생두 업체와도 다양한 행사 중의 하나로 오픈 커핑을 주최하기도 한다.

지점에 따라서 색깔이 조금씩 다른데, 1호점은 본래의 성향인 작고 아담한 핸드드립 커피 바 Bar로서 본분을 잘 수행한다. 주택가와 전철역에 가까운 2호점은 핸드드립 커피와 신속한 에스프레소 음료의 비율이 균등하며, 3호점 필운동 지점은 로스팅 베이스로 다양한 커피 추출이 가능하다. 가장 최근에 오픈한 지점인 필운동 지점에서는 홈 바리스타를 위한 취미 커피반과 전문적인 커핑 대비반도 운영 중이다. 커피 공력만 10년에 가까운 한장섭 대표의 모든 공력을 한꺼번에 흡수할 수 있어서 반응이 매우 좋다. 머신은 라마르조코 La Marzocco와 달라코르테가 동시에 사용되며, 직원들은 달라코르테를 더 선호하는 듯하다. 유명세에 의지하는 것이 아닌, 본인들의 커피에 적합한 머신 선택의 대표적 예라 할 수 있다.

지점마다 다른 각자의 개성이 담긴
커피를 맛보는 것은 어떨까?

대표 메뉴는 1호점의 진한 고노 스타일 핸드드립과, 3호점의 에스프로프레스 추출 싱글오리진 브루잉블랙커피다. 최근 홍대앞 유명한 빵집인 '퍼블리크'의 디저트도 들여와서 간식 메뉴도 풍부해졌다.

프로밧: 독일 생산의 로스팅 머신. 네덜란드 기센과 함께 반열풍 방식의 상징이라 할 수 있으며, 향미 있는 커피와 단맛이 좋은 커피 모두에 적합하다. 내구성도 좋은 것으로 유명하며, 가장 작은 모델은 프로바티노, 중형 사이즈는 L5(P5는 신형 모델), 대형은 L12다.
고노: 칼리타, 하리오와 함께 일본의 드리퍼 생산 회사. 고노 드리퍼는 핸드드립 추출이 가장 어렵고 섬세함을 필요로 하지만, 바디감이 좋은 커피 추출로 유명하다. 추출 방식이 어려워서 사용하는 매장을 발견하기가 어렵다.

메뉴
브루잉커피 – 5천원~8천원
로스팅머신
프로밧 프로밧티노, 프로밧 P5
에스프레소머신
라마르조코 GB5, 달라코르테 DC-PRO

주소 서울 종로구 내수동 110-34 1층(경희궁점)
전화 02-733-6611
영업시간 평일 08:00~22:00 | 토, 일 10:00~21:00
휴무 명절 휴무 **주차** 불가

Terarosa

테라로사

한국 스페셜티 커피의 역사이자 산증인

스페셜티 커피 업체로서 테라로사를 새삼 설명한다는 것이 조심스럽다. 스페셜티 커피 업체를 넘어서 메이저 커피업체와도 자웅을 다투는 테라로사는 이미 많이 알려졌기에 이 글에서는 테라로사 광화문 매장에 집중하고자 한다.

한국인 최초의 COE 커핑 심판관인 이윤선 부대표로 상징되는 커피 문화와 커피 외길을 평생 걸어온 테라로사 김용덕 대표의 모습까지, 테라로사의 모습은 한국 스페셜티 커피 역사의 산증인이 되었다. 강원도에서 시작한 테라로사는 이제 각 지역에도 거점 매장을 만들고 있는데, 서울 지역은 최근 광화문에 신축된 빌딩 로비에서 화려하게 시작했다.

아직은 대부분 영세하거나 고생하는 다른 신생 스페셜티 커피 업체와 달리 테라로사 광화문 지점의 비주얼은 대단하다, 규모와 시설 등에서 압도적이며, 서울의 도심 한가운데 있다는 상징성도 좋다. 광화문점에 있는 가구는 파리에서 직접 공

수한 것들도 있다고 한다. 브런치 메뉴도 가능한데, 점심 시간에는 식사와 커피를 세트로 함께 즐기는 주변 직장인이 많다.

매장에는 테라로사의 모든 커피가 충분히 준비되어 있으며, 에스프레소 커피는 블렌딩으로, 핸드드립용 커피는 매장 내의 모든 싱글오리진으로 추출 가능하다. 시네소 ^{Synesso} 머신 한국 총괄 에이전트답게 에스프레소와 라테는 시네소 에스프레소 머신으로 추출되며, 핸드드립은 전용 커피 바^{Bar}에서 칼리타^{Kalita} 추출로 진행된다. 스페셜티 커피 원두와 일반 등급의 커피가 혼용되고, 대중의 취향에 맞추기 위해 로스팅은 중배전 이상에 가깝다. 칼리타 드리퍼를 사용하는 핸드드립은 추출 수율이 높고 진한 느낌이다. 매장에서 사용되는 스페셜티 등급 싱글오리진 커피는 이탈리아에서 제작된 페트론치니 로스터를 사용해서 로스팅하는 것으로 알려졌다.

전반적인 커피 메뉴가 모두 훌륭하지만, 테라로사의 상징인 다양한 커피를 핸드드립으로 마셔보는 것을 추천한다. 더불어 베이커리도 훌륭하다. 커피 관련 기물과 테라로사 출판 서적도 판매하는데, 전문적인 내용도 많지만, 산지의 농민과 연계한 윤리적인 내용도 많아서 구매할 만하다. 매장의 규모가 굉장히 커서 처음에는 약간 당황할 수 있지만, 설계와 공간 배치가 좋아 커피 한 잔과 함께 대화를 나누기에도 매우 좋다.

마지막으로, 테라로사는 출판물과 홈페이지 내 자료 정리가 잘 되어 있어 전문가와 애호가 모두 만족할 만한 정보를 얻는 데 매우 좋다. 개인적으로는 '테라로사 라이브러리'라는 블로그를 보는 재미가 좋다.

칼리타: 일본의 커피 관련 생산업체. 한국 핸드드립 매장의 70% 정도가 사용하는 제품이 칼리타 드리퍼다. 최초의 드리퍼인 멜리타는 유럽에서 지금도 사용하는 편이고, 물빠짐이 좋은 하리오는 미국에서 많이 사용된다. 멜리타와 유사한 모양에 배수가 좋은 칼리타 방식은 한국 핸드드립 매장에서 가장 표준화에 가까운 드리퍼다.

메뉴
드립커피 – 5천원~8천5백원
에스프레소 – 4천5백원
로스팅머신
페트론치니
에스프레소머신
시네소

주소 서울 종로구 중학동 19
전화 02-720-2760
영업시간 07:30~22:00
휴무 연중무휴　**주차** 가능

Hell Cafe

헬 카페

이 커피를 마신 자
지옥을 맛보리라.

"이곳에 들어오는 자 모든 희망을 버려라." 단테의 신곡을 인용한, 당돌하지만 재치 있고 기백 있는 헬 카페의 슬로건이다. 좀비, 매드와 함께 마성의 커피 시리즈로 불리며, 보통과 함께 이태원 스페셜티 커피 시대를 열었다고 평가받는 헬 카페. 이태원이라고 하지만, 매장 위치는 번화가에서 조금 떨어진 폴라텍 대학 바로 앞 소문난 돈까스 옆집이다. 재미있는 것은 대학가 정문 앞에 있지만, 주요 커피 수요층인 여대생이 거의 없는 폴리텍 대학 앞이라는 것이 또 다른 함정인 셈이다.

대형매장 출신 스타 바리스타인 임성은 바리스타와 홍대앞 곰다방에서 통돌이 로스팅을 담당하던 권요섭 바리스타가 매장의 구성에서 잡일까지 직접 하면서 개장한 덕택에 업계 바리스타의 전폭적인 협조와 지원을 받았다. 사람이 가장 큰 재산이 된다는 진리가 새삼스럽게 가슴에 와 닿는 모습이다. 매장 분위기는 남자들의 느낌이 풀풀 나지만, 음악과 미술에 조예

가 깊어 한쪽 벽면을 차지할 만큼의 커다란 창작 미술이 매장을 빛내고 있다.

에스프레소 블렌딩 커피 원두는 외부 업체와 협업을 하며, 핸드드립용 커피는 권요섭 바리스타가 통돌이 로스팅 기계를 이용해 로스팅 한다. 직화 통돌이 로스팅이지만, 핸드드립 커피의 맛과 향기가 그윽하다. 요즈음 유행하는 섬세하고 아름다운 스타일의 커피 향기가 아니라 매우 직선적이고 남자다운 커피라 할 수 있다.

임성은 바리스타의 에스프레소 추출도 뛰어나고, 수없이 반복했던 밀크 스티밍이 좋아서 카푸치노도 맛있다. 천성적으로 우유를 소화시키지 못하는 약점이 있는 임성은 바리스타의 피나는 노력의 결과인데, 자타가 공인하는 기술적으로 가장 완성된 카푸치노다. 비주얼은 심플하지만, 크레마와 우유의 조합이 좋아서 반 잔 정도를 일정 속도로 유지하면서 마시는 것이 중요하다. 처음에는 크레마를 뚫고 나오는 커피 향기를 즐길 수 있다면, 곧이어서 잘 스티밍 된 우유 성분이 입안 구석구석을 코팅하는 느낌이 든다. 카푸치노의 교과서적인 모습으로, 단계적인 밸런스가 규칙적이고 일관된 맛과 향기를 즐길 수 있다. 최대의 맛과 향기를 느낄 수 있도록 손님 좌석 바로 앞에서 밀크 푸어링을 해준다.

커피 이외의 메뉴는 시즌에만 가능한 당근주스가 있다. 제주에서 항공으로 당근을 공수하는데, 대부분 일찍 품절되어서 매장에서 구경하기 어려울 때가 많다. 대부분의 메뉴는 5천 원을 넘으며 테이크아웃 시에는 2천 원을 할인해준다. 테이크아웃 일회용 컵은 사용 전 반드시 더운 물로 린스를 해서 사용하는데, 일회용 컵 특유의 이취가 없어서 좋다. 번거로울 수 있지만, 소비자

"이곳에 들어오는 자 모든 희망을 버려라."
좀비, 매드와 함께 마성의 커피 시리즈로 불리는 헬 카페.

의 입장에서는 신뢰가 가는 모습이다.

시커먼 남자들의 매장이지만, 매장 내부에는 곳곳에 꽃이 비치되어 있는 등 우락부락한 남자들의 섬세한 감성이 느껴진다. 게다가 문학소년 임성은 바리스타와 인문학을 좋아하는 권요섭 바리스타가 소장한 책이 매장 곳곳에 있는데, 그때그때 화제가 되는 신간들이 많아 보여주기 위한 책이 아닌, 진짜 읽기 위한 책이라는 느낌이다. 거기다 이곳을 빛나게 만드는 것은 탄노이 스피커에서 울려 퍼지는 클래식 음악. 만약 아리따운 여자 손님이라면, 개성 강한 두 바리스타의 멋진 모습에 홀딱 반할지도 모른다. 커피도 좋고, 작지만 개성 있는 공간까지 갖춘 아끼고 싶은 매장이다.

메뉴
핸드드립 - 6천원
카푸치노, 제주당근주스 - 각 5천원
로스팅머신
통돌이 머신
에스프레소머신
시네소 2구

주소 서울 용산구 보광동 238-43
전화 010-4806-4687
영업시간 08:00~22:00 | 주말 12:00~22:00
휴무 연중무휴 **주차** 불가

Hold me

홀드 미

저렴한 가격에 만나는 질 좋은
스페셜티 커피

건물 지하에 있고, 본인들이 직접 로스팅을 하지 않는 등 흔하지 않은 조건을 갖추고 있지만, 홀드 미 커피는 당당히 업계에서 인정을 받는다. 김용준 홀드 미 대표는 본업으로 전문직을 가지고 있으면서도 식음료에 대한 로망이 깊어서 오랫동안 커피업을 준비한 경우라 할 수 있다.

권리금 같은 비용을 아끼기 위해서 지하에 매장을 마련한 대신에 기물과 커피에 최선을 다했다. 초창기에는 작은 규모라서 직접 로스팅을 하지 않았다면, 지금은 본인의 업무에 더욱 최선을 다하기 위해서 추출에만 힘쓰는 바리스타 전문 매장이다. 창업 초기부터 엘 카페와 협업을 했으며, 커피 템플과 리브레의 관계처럼 로스터리와 바리스타 매장의 대표적 협업 체계라 할 수 있다.

품질이 좋은 만큼 고가인 원두를 사용하면서도 3천 원 내외의 저렴한 커피 가격을 선보인다. 또한, 제철 과일주스 품질이

우수해서 어떤 이들은 먼 길을 찾아서 방문하기도 한다. 품질에 대한 자부심이 대단해 집착에 가깝게 원재료를 중시 여겨, 가장 신선하고 원재료가 비싼 제철 과일주스를 선보인다. 특히 일부 시즌에만 나오는 프리미엄 오렌지 주스는 항공사 일등석 오렌지주스가 부럽지 않은 정도다.

한국형 하이엔드 머신인 비다스 Vidas 머신이 나오기 전에는 엘 카페 커피에 가장 적합한 시모넬리 Simonelli 머신을 사용하였다. 일주일에 한 번씩 하는 게스트빈(특별히 일시적으로만 사용하는 다른 커피 원두)은 라마르조코 La Marzocco GS3로 추출하여 커피를 제공한다. 크기가 작아 가정용 에스프레소 머신으로도 알려진 GS3는 스페셜티 커피 에스프레소 단종 커피만 추출할 때는 거의 최고의 성능을 보인다. 원두 보관을 위해 와인 셀러를 따로 구입할 정도로 재료의 품질을 중요시하는 매장의 성향 덕택에 한국 최고의 지하 스페셜티 커피 매장으로 자리매김했다.

추천 메뉴는 커피 중에는 라테. 홀드 미 커피는 원두 선택 시 라테와의 궁합을 최우선적으로 살피고 있다. 그 중 에소그린라테는 비주얼과 맛의 궁합이 좋다. 제철과일 주스와 전남 합천군에서 생산된 꿀미숫가루도 주변 직장인 사이에 매우 유명하다.

마지막으로 매드 커피와 함께 대표적인 애주가인 김용준 대표가 좋아하는 값비싼 싱글 캐스크 위스키가 매장에 비치되어 있다. 지인들에 대한 술 인심이 은근 좋은 곳이다. 쿠폰도장 100번 정도 찍을 만큼 자주 방문한다면, 한 번 정도는 얻어 마실 수 있을지도 모른다.

홀드 미 커피는
우유를 넣은 라테에 최적화되었다.

비다스: 한국 최초의 하이엔드 에스프레소 머신. 이전까지는 슬레이어 혹은 시네소 하이드라, 라마르조코 스타라다급 머신이 최고 성능을 보였다면, 한국에서 나타난 비다스테크는 현존 최고의 성능을 자랑한다. 금속공예 디자이너와의 협업으로 만들어진 전위적인 디자인으로도 유명하며, 한국 큐 그레이더 오세대이자 테크니션인 방정호 대표와 기술자들이 수년간 작업하며 생산 중이다. 현재 엘 카페, 리브레, 커피 볶는 자유 등 3곳에 입점했으며 전 세계 스페셜티 커피업계의 주목을 받고 있다. 성능은 이미 검증되었으며 지금은 매장에서 내구성을 테스트 중이다.

메뉴
생오렌지주스 – 4천원
에소그린라테 – 3천5백원
라떼 – 3천원
로스팅
협력외부 로스터리
에스프레소머신
시모넬리 아피아 3그룹, 라마르조코 GS3

주소 서울 종로구 도렴동 60 도렴빌딩 지하 1층
전화 02-725-7730
영업시간 평일 07:30~20:00 | 주말 11:00~18:00
휴무 매주 일요일 휴무, 공휴일 휴무 **주차** 가능

단종커피의 종류

브라질, 콜롬비아, 코스타리카, 인도네시아, 에티오피아 케냐 등과 같은 넓은 의미의 지역적 혹은 국가적인 개념을 아우르던 단종커피가 최근 들어 더욱 섬세하게 나뉘어 분포되고 있다. 지역별 혹은 농장까지 분류되던 것이 이제는 대회 입상 커피 COE 혹은 레어스페셜티 커피 개념까지 분류되고 있다.

1. 국가별 분류

다양한 커피 생산 국가별로 분류한 경우다. 와인과 비슷하게 과거에는 국가별 커피의 경향이 거의 비슷했지만, 최근 스페셜티 등급 커피는 국가별 분류를 하지 않는 편인 것 같다. 다만, 오랫동안 익숙해진 표현이라 지금도 바리스타의 일상에서는 자주 만나는 표현이자 분류다.

2. 농장 혹은 지역

Finca 혹은 Fazenda와 같은 호칭이 커피에서 가끔씩 보이는데, 이는 스페인어와 포르투갈어로 농장^{Farm}이라는 용어다. 즉 개별농장의 커피를 의미하며, 개별 농장이 표기되게 되면 본격적인 스페셜티 커피의 등급으로 분류되는 경우가 많다. 중앙아시아의 대표적인 커피 농장으로는 과테말라의 Injerto, 온두라스의 El Puente,

파나마의 Esmeralda 등이 유명하다.

3.　　　COE, 혹은 Geisha와 같은 레어스페셜티 커피

COE란 Cup of Excellence의 약자로, ACE[Alliance for Coffee Excellence]가 매년 커피 산지 국가에서 진행하는 커피 경연대회를 의미한다. 지역별 예선을 거친 커피를 선정해 국제 심판관이 엄격히 판정해 결과를 발표하는데, 대회에서 수상한 커피는 별도의 옥션을 통해서 판매되고, 일반 유통 가격의 10배 이상의 가격에 낙찰되기도 한다. COE는 커피 산지의 농민에게는 로또와 같은 선망의 대상이며, 품질에 따른 확실한 보상이 이루어지고 커피 업계의 선순환에도 좋다는 의견이 많다. 대개 COE 입상 커피는 굉장한 양질의 커피로, 원가도 상당하기 때문에 매장에서 판매 시에는 아무래도 좀 더 비싼 가격에 판매될 수밖에 없는 구조다. 한국에서는 테라로사, 리브레, 엘 카페, 부산스페셜티커피연합 등이 꾸준히 옥션에 참여 중이다. 이외에 에스메랄다 농장의 스페셜티 커피 품종인 게샤커피는 매우 독특하고 아름다운 향미로 최고의 스페셜티 커피로 인정받으며, 과테말라, 온두라스, 콜롬비아에서도 생산되고 있다. 통상적으로 COE, 게샤 품종은 상위 개념인 레어[Rare]스페셜티 커피 개념으로 분류하기도 한다.

CHAPTER 4

스페셜티 커피 in 강남

복잡한 강남 한복판에서 느끼는
커피 한 잔의 여유.

그린 마일 커피

날카롭고 섬세한 사이폰 추출의 대가

웬일인지 강남권에서는 스페셜티 커피 매장을 찾아보기가 어렵다. 정확한 이유는 모르겠지만, 굳이 찾자면 원가 비중이 높은 스페셜티 커피의 특성 때문이 아닐까 하는 생각이 든다. 과거 '창해'라는 이름의 로스터리로 유명했던 그린 마일 커피는 강남권에서 꾸준히 신뢰할 스페셜티 커피 로스터로서 안정적인 로스팅과 추출로 소문난 매장이다.

지금은 스페셜티 커피 업계가 전반적으로 기대를 받고 있기는 하지만, 몇 년 전까지만 해도 커피 업계의 로스터리는 3D 업종처럼 힘든 일이었다. 한여름에는 뜨겁고, 한겨울에는 차가운 로스팅 머신과 하루종일 함께하는 고된 작업 때문인지, 로스팅 경험 10년 이상인 마이크로 로스터는 업계 전체적으로 찾아보기가 어렵다. 그런 의미에서 오랫동안 로스팅 업계에 전념해 준 그린 마일 커피의 최창해 대표에게 애호가로서 감사를 전한다.

　매장은 초록색 기운이 감도는, 넓고 조용한 곳이다. 처음 들어섰을 때 가장 눈에 띄는 것은 매장을 꽉 채우는 듯한 광사이폰 추출 기구들이었다. 국제대회 규격의 본막 Bonmac 5구 광사이폰 추출 기구로, 한국에 10대 내외만 분포되어 있는 것으로 알려졌으며, 어지간한 에스프레소 머신 가격을 능가한다. 일본에서 시작된 사이폰 추출이 최근 본고장에서는 주춤한 반면, 전 세계의 스페셜티 커피 업계에서는 사이폰의 날카롭고 섬세한 추출 특징에 주목해, 상당히 많은 사이폰 연구 사례가 최근 줄을 잇고 있다. 그린 마일의 최창해 대표는 파이브 브루잉의 도형수 바리스타와 함께 국내의 손꼽히는 사이폰 추출 전문가다.

　사이폰이 유명하지만, 에스프레소 추출도 안정적이며, 시모넬리 아우렐리아 Simonelli Aurellia T2를 사용하고 있다. 차는 미국 스페셜티 커피 업계에서 선호하는 리쉬 Rishi 차가 준비되었다.

전통적인 매장이 포트넘메이슨이나 마리아주프레르를 선호한다면, 신생 업체들은 리쉬 계열의 차를 많이 사용한다. 포트넘이나 마리아주프레르는 홍차 베이스의 차가 많고, 리쉬는 산지 방문을 통해서 양질의 차를 섭외하는데, 아시아의 백차, 청차, 홍차, 녹차 등 다양한 계열을 보급하고 있다. 미국 업체이지만, 아시아의 차 문화를 제대로 이해하고 있다.

   예술가들이 장기간 작업을 할 때 편안해한다는 초록의 느낌이 매장을 감싸는 그린 마일 커피 로스터즈. 색다른 사이폰 추출, 편안하고 따뜻한 커피를 지향하는 그린 마일 커피 덕택에 강남구 청역 주변에 좋은 장소가 생겼다.

메뉴
사이폰커피 – 6천원
에스프레소 – 4천원
카푸치노 – 4천원
로스팅머신
기센 W6
에스프레소머신
시모넬리 T2

주소 서울 강남구 논현2동 240-40 다인빌딩 1층
전화 02-517-2404
영업시간
평일 08:00~22:00 | 주말, 공휴일 12:00~21:00
휴무 연중무휴   **주차** 가능

Brilliant Roasting Lap

브릴리언트 로스팅 랩

바리스타와 대화를 나누며
커피를 즐기는 원 테이블 카페

강남역 언덕길을 올라가면, 자그마한 연통과 함께 고소한 커피 볶는 향기가 느껴진다. 주변 대형 스페셜티 커피 매장(커피 스튜디오, 알베르)에 커피를 공급하는 브릴리언트 로스팅 랩은 원 테이블 카페로도 많이 알려졌다.

매장의 크기가 작고 간판도 작아서 커피를 진짜로 좋아하는 지역 주민 혹은 직장인이 알음알음 찾아오는 매장이다. 입구에 있는 로스팅 머신은 한눈에 보기에도 낡은 흔적이 보이는데, 독일 프로밧 Probat LP5 1968년 생산 모델이다. 독일 소재의 세계 최대 하이엔드 로스팅 머신 생산업체인 프로밧은 지금은 독일 외 지역에서도 생산을 하지만, 빈티지 프로밧 모델은 독일 생산이고 주물 소재의 본체가 견고하며 열전도율이 좋아 도리어 신형보다도 결과물이 좋다는 의견이 있다. 보관이 잘 되었고 일부 튜닝이 되었을 경우를 전제로 하지만, 동감하는 부분이 많다.

최고 수준의 바리스
고민을 날려

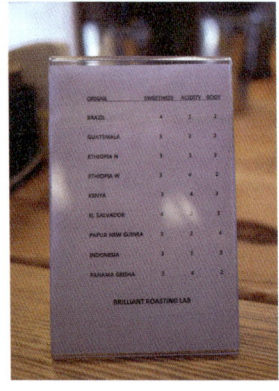

◆강남역에서 스페셜티 커피를 이 가격에 즐길 수 있다는 것은 놀라운 일이다.

국내에서 몇 안 되는 빈티지 로스팅 머신이 매장의 절반을 차지한다면, 안쪽으로는 바리스타와 공유하는 넓은 테이블 하나가 비치되어 있으니, 바로 브릴리언트 로스팅 랩의 원 테이블이다. 원 테이블에 손님이 앉으면 바리스타는 매장의 커피 중 세 가지를 선택해서 핸드드립으로 제공해 준다. 과거에는 다양한 브루잉 도구를 준비했는데, 지금은 손님의 요청도 있고 해서 추출 속도가 빠르고, 향미 발현이 좋은 하리오^{Hario} 드리퍼를 주로 사용한다고 한다.

매장에서 로스팅되는 원두 대부분을 선택할 수 있는데, 아주 수준급 스페셜티 커피라서 5천 원의 가격에 세 잔의 커피를 마실 수 있다는 것이 믿어지지 않았다. 그것도 강남역에서 말이다. 커피는 일반 커피잔이 아닌 커핑볼$^{Cupping\ Bowl}$에 나오는데, 손잡이가 없는 구조상 따뜻한 커피의 온기가 손을 통해 전해진다. 거기다 덤으로 수준급(사실은 국내 최고 수준의) 바리스타와 일대일 대화도 가능하다. 박정훈 실장의 얘기로는 원래 취지는 소비자들과 커피로 소통하고자 하는 의도였는데, 실제로는 고민상담이 생각보다 많다고 한다. 물론 내용은 비밀. 빠르고 신속한 에스프레소 매장을 주로 보다가 모처럼 발견한 심야식당, 힐링 커피 같은 느낌이다. 맛있는 커피와 바리스타와의 시간이니 그 시간이 오롯하게 소중하고 감사하다.

메뉴
3잔 – 5천원~7천원
로스팅머신
프로밧 L5 1968 빈티지 모델

주소 서울 강남구 역삼동 619-3
전화 010-5674-1282
영업시간 11:30~22:00
휴무 연중무휴 **주차** 불가

Sedona

세도나

복잡한 코엑스 안에서 누리는
커피의 여유

삼성역 코엑스는 어마어마한 공간과 어지간한 소도시 규모만큼의 유동 인구를 가진 국내 최대의 쇼핑몰로, 한국의 상업시설을 대표한다. 그렇지만, 이상하게 이곳을 방문할 때마다 불편한 느낌을 피하기가 어렵다. 치열한 상업 시설의 경쟁의 끝판왕이라 할 수 있는 다양한 매장 속에 있다 보면, 왠지 숨이 가빠지고 전력질주를 해야 할 것 같아서 그런지도 모르겠다. 그래서인지 코엑스에 방문할 때면 항상 길을 잃는다.

이런 코엑스 안에 보석 같은 커피 매장이 있으니 바로 카페 세도나다. 카페 세도나를 추천한 사람은 보스턴에서 같이 큐 그레이더 시험을 준비한 수현 씨였다. 개인적으로 가장 신뢰하는 테이스터인 수현 씨의 의견을 빌리자면, 어느 날 코엑스에서 길을 잃었는데, 미로 같은 코엑스의 길을 찾아 헤매다가 우연히 흘러나오는 좋은 커피 향기에 끌려서 본인도 모르게 이곳으로 들어왔다고 한다. 이 이야기를 들었을 때 낯선 곳에서

커피 향기를 찾아가는 장면이 왠지 연상되어서, 카페 세도나에 대한 호기심이 더욱 커졌다.

캐나다 최고의 스페셜티 커피 매장인 '아띠지아노'라는 브랜드를 들여와 매장을 운영하던 김영국 대표는 코엑스 매장은 조금 더 색다른 이미지인 세도나라는 이름으로 오픈했다. 미국인의 휴양지이며, 에너지를 보충하고 원기회복을 하는 이미지가 있는 세도나의 이름을 따온 것은 코엑스의 직장인들에게 에너지의 원천이 되는 섬이 될 것을 희망하기 때문이라고 한다.

캐나다 대표 카페 아띠지아노가 사용하는 Parallel 49th 커피를 사용하며, 에스프레소 머신용 블렌딩은 올드스쿨이다. 여러 가지 블렌딩을 사용해 보았지만, 올드스쿨이 한국인들이 가장 선호하는 블렌딩이라는 것이 업체의 의견이다. 대규모의 매장이며, 라마르조코 La Marzocco 머신만 3대를 동시에 매장에 비치해서 당시 업계 전체에서도 화제가 될 정도였다.

매장 인테리어에 각별히 신경을 썼으며, 맥킨토시 진공관 앰프에서 만들어진 사운드는 웅장

커피잔 위에 그려지는
훌륭한 비주얼의 라테아트.
미각뿐만 아니라 시각까지 충족시켜준다.

하면서도 부드럽고 섬세하다. 에스프레소 외에도 핸드드립 커피를 전용 바^{Bar}에서 따로 준비하는데, 하리오^{Hario} 드리퍼로 빠르고 신속하게 추출한다.

시그니처 메뉴는 캐나다 49th 커피의 에스프레소와 라테. 전문 바리스타의 라테아트가 수준급이며, 바리스타들이 가장 어려워하는 로제타 멀티하트 등의 무늬를 수시로 발견할 수 있다. 좋은 라테아트는 비주얼적으로 좋기도 하지만, 커피와 우유의 믹스 밸런스가 좋고, 적절한 밀크포밍과 히팅으로 커피의 촉감과 미감 향상에 커다란 도움을 준다. 그만큼 밀크커피가 고소하고 맛있다. 사계절이 뚜렷한 캐나다의 커피라 한국인의 평상시 입맛에도 적당하다는 평가를 받고 있는데, 아띠지아노와 Parallel 49th 커피 브랜드는 캐나다 최고 커피 매장과 커피 로스터리로 손꼽힌다.(참고로 조희선 작가의 〈커피 어디까지 가봤니〉라는 책에서 아띠지아노의 오너이자 월드 바리스타 챔피언십^{WBC} 캐나다 대표, 국제대회 파이널리스트인 피콜로 형제들의 이야기가 나온다.) 세도나는 프랜차이즈 매장이 가득 들어찬 코엑스에서 보석 같은 휴식공간이다. 코엑스 내부라 길을 조금 헤맬 수 있지만, 세븐럭키 카지노 가는 길 불고기 브라더스 옆집이라는 것만 기억하면 된다.

메뉴
아메리카노 - 4천2백원
라테 - 4천8백원
로스팅
협력외부 로스터리
에스프레소머신
라마르조코 FB80(3그룹) 3대

주소
서울 강남구 삼성동 159번지 컨벤션별관 B2 18호
전화 02-3466-8008
영업시간 07:00~23:00
휴무 연중무휴　**주차** 가능

Gentle Coffee

젠틀 커피

대중성을 충족시키는,
부담 없는 스페셜티 커피

'젠틀하다.' 참 좋은 말이다. 칭찬의 의미도 들어 있는 것 같고, 감사의 느낌도 전달할 수 있어서 듣는 사람도 말하는 사람도, 서로가 좋은 느낌을 공유할 수 있는 것 같다.

타워팰리스가 보이는 매봉역 앞 젠틀 커피를 상징하는 것은 멋진 페도라와 강남에서 가장 친절한 매장이라는 것이 공통적 의견이다. 서비스업인 카페에서 친절함은 당연한 것 같지만, 자칭 타칭 전문가가 많은 커피업계에서는 일부 불친절함을 미덕으로 삼는 매장이 있는 것도 사실이다. 물론 훌륭한 커피라면 그럼에도 불구하고 방문하고 싶겠지만, 맛난 커피만큼이나 친절한 커피 매장이라면, 인지상정상 마음이 더욱 끌리는 것은 당연한 것이 아닐까 싶다.

젠틀 커피는 스페셜티 커피 등급의 커피를 지향하지만, 과도하지 않은 커피 생두를 사용하여 품질과 가성비를 상당히 중시하고 있다. 블렌딩과 단종 커피원두로는 커핑 평가점수

80~85점 수준의 스페셜티 커피 등급의 커피를 사용하며 85점 이상 수준의 COE 등급은 가급적 자제한다. 그래서 본인들의 커피를 검소하다고 표현하지만, 소비자 입장에서는 충분히 양질의 커피다. 전반적으로 커피 선정에서 스위트니스를 중요시하고 소비자들이 부담스러워하는 산미는 가급적 배제한 생두와 로스팅 방법을 사용한다. 이런 대중적인 접근이 반응이 좋아서인지 B2B 매장용 커피 납품 의뢰가 많아져서 최근 들어서 용인에 대형 로스팅 공간을 새로 개장했다.

커피에 대한 질문을 마음껏 해도 환영받을 만큼 바리스타의 퍼스널 스킬이 따뜻해서 커피 상식이 부족해 부담스러워하는 방문자가 가장 선호할 수 있는 곳 같다. 또 인상적인 부분은 커피 이외의 모든 식음료에서 상당 수준의 만족도를 얻을 수 있다는 것이다. 리쉬 Rishi, 로네펠트 등 양질의 독일산 차를 사용하고, 샌드위치도 가격과 품질이 매우 좋다고 정평이 났으며, 스위스 업체의 커버처 원재료를 사용해서 양질의 초콜릿을 선보이고 있다. 쇼콜라티에 출신인 사장님의 영향이기도 하지만, 바리스타들도 전문 쇼콜라티에 학습을 수료했다.

좋은 커피와 훌륭한 메뉴, 손님들이 부담없이 접근할 수 있는 매장이라는 점에서 전과목 우등생과 같은 느낌의 젠틀 커피. 재밌는 사실은 한국에서 보기 드문 서비스 매장(셀프서비스의 반대)이라는 점이다. 주문한 식음료는 직접 직원이 손님의 테이블에 가져다 준다. 처음에는 어색하지만 나름 익숙해지면 편안하다. 바쁜 매장이지만, 바리스타들이 커피를 손님에게 전달하는 것을 의무로 생각한다. 처음에는 어색했지만, 손님과 바리스타들이 서로 신뢰감이 생기기도 한다. 생각해보면 한국도 셀프서비스 매장으로 바뀐 지 얼마 되지 않았다.

특이한 점은 중년 이상의 남자 단골손님이 많다는 것이다. 특별한 이유는 없지만, 편안한 바리스타와 부담스럽지 않은 인테리어의 영향도 있을 것 같다는 생각이다. 세상이 여자 위주로 아름답게 바뀌는 것은 맞지만, 남자들이 스트레스를 풀 수 있는 공간이 있다는 소식만으로도 반갑

멋들어진 페도라를 쓰고
맛있는 커피 한 잔과 함께
남자들만의 여유를 느껴보자.

다. 중년 남자들도 스트레스가 있고, 나름 수다도 떨고 싶고 그렇다.

추천 메뉴는 핸드드립 커피. 에스프레소 메뉴도 좋지만, 핸드드립 커피 바^{Bar}가 잘 되어 있어 부담 없는 가격에 편히 주문할 수 있다. 데킬라선라이즈에서 영감을 받은 매봉선라이즈, 아이스크림이 들어 있는 폴인코코, 마지막으로 리얼초코(핫초코가 아니다. 진짜 초코음료다.)도 추천한다.

메뉴
매봉선라이즈, 핫초코 – 각 6천원~7천원
핸드드립 – 6천원
로스팅머신
기센 W1, 기센 W15
에스프레소머신
시모넬리 아우렐리아 T3

주소 서울 강남구 도곡동 417-6 1층
전화 070-7737-9100
영업시간
평일 09:00~24:00 | 토요일, 일요일 11:00~22:00
휴무 연중무휴 **주차** 가능

Coffee Lec

커피 렉

국가대표 바리스타의 독특한
리미티드 메뉴

국가대표 선정 최다(2008, 2010), 바리스타 코치 등 다양한 수상 경력과 경험의 안재혁 커피 렉 대표만큼 바리스타업계에서 유명한 사람이 또 있을까? 한 번도 힘들다는 국가대표를 두 번이나 해보았고, 국가대표 바리스타들을 훈련시켰으니, 이 정도의 경험치를 가지고 있는 사람은 아직까지 없었고 앞으로도 나타나기 어렵지 않을까 생각이 들 정도로 커피 렉은 화려해 보이는 매장이다. 하지만, 자세히 살펴보면 냉혹하고 치열한 현실에서 생존하면서 미래를 대비해야 하는 안재혁 대표의 고민이 절절하다.

강남권 대표 매장 중 하나인 신사동의 커피 렉은 입구의 오렌지색 기센 Giesen 로스터와 안쪽의 라마르조코 La Marzocco 에 스프레소 머신이 한눈에 들어올 만큼 작고 아담한 매장이다. 자리에 앉기가 굉장히 힘든 매장으로 유명한데, 단골손님의 열화와 같은 요청으로 최근에는 몇 개의 좌석이 늘어났다고 한

다. 실내 분위기는 전반적으로 깔끔하면서도 고급스럽다. 입구에서 만날 수 있는 커피렉 로고는 멋있으면서도 궁금증을 유발하는데, 커피의 맛에 많은 영향을 미치는 그라인더의 커팅날을 상징한다.

처음 매장에서 마셨던 음료는 싱글샷블렌딩아메리카노. 안재혁 바리스타는 싱글샷이 가장 한국인의 입맛에 적합하다는 의견을 내놓는다. 싱글과 더블의 개념은 옳고 그름의 문제라기보다는 추구하는 커피에 대한 철학과 원두와의 상관관계인 것 같다. 커피 렉의 아메리카노에서는 커피 맛의 양대 축 중 하나인 스위트니스가 주도적으로 감지된다. 참 맛있다.

아메리카노가 맛있는 매장이지만, 시그니처 메뉴는 리미티드 메뉴다. 고가(2만 원 내외)이기는 하지만, 시즌별로 오직 한 가지만 제작하는 리미티드 메뉴는 서비스 과정까지 메뉴에 포함되는 파격적인 구성으로 업계와 소비자들 사이에서 소문이 자자하다. 특히 경험이 풍부한 안재혁 바리스타는 실제 바리스타 대회 상황에 거의 가깝게 재현해 줌으로써 손님 자신이 국가대표 바리스타 심사위원이 된 것 같은 느낌이 들게 한다. 특별한 날 국가대표 바리스타의 서비스를 느끼고 싶다면, 아주 강하게 추천하고 싶다. 약간 집중력이 필요하기는 하지만, 안재혁 바리스타의 퍼포먼스를 심도깊게 경험할 수 있을 것이다.

에스프레소에 기반한 음료가 기본이지만, 다양한 브루잉 싱글오리진 커피도 가능한데 에스프프레스를 통해서 추출한다. 커피 렉은 한국 스페셜티 커피의 대표적인 추출 방식 중 하나인 에스프로프레스를 한국 최초로 도입했다. 마지막으로 추천 음료는 블랙앤화이트 시리즈다. 이 시리즈는 대중들이 가장 선호하는 맛으로, 커피와 다양한 시럽의 조화를 멋진 비주얼과 함께 표현했다. 리미티드 메뉴와 함께 커피 렉 최고의 창작 메뉴라 할 수 있다. 합리적인 가격으로 국가대표 창작 메뉴를 마셔볼 수 있다.

시즌별로 즐기는 오직 단 하나의
리미티드 에디션 메뉴.
제조 과정을 지켜보는 것 또한
하나의 즐거움이다.

커피 렉은 바리스타의 유명세만큼이나 특별한 음료를 선보이고 있으며, 대중과 교감을 중요시하는 안재혁 대표의 철학이 매장 전체에 스며들어 있다. 인생의 역정이 엿보이는 커피 한 잔 덕택에 사람을 이해한다는 의미를 깨달았다.

메뉴
아메리카노 – 4천3백원
리미티드에디션 – #8은 2만원
블랙시리즈커피 – 6천원
로스팅머신
기센 W1
에스프레소머신
라마르조코 FB-80

주소 서울 강남구 신사동 519-13
전화 070-4250-9723
영업시간 10:00~23:00
휴무 명절 휴무 **주차** 불가

Coffee Fiel

커피 휘엘

한국 정통 원두커피 전문점
쟈뎅의 스페셜티 커피 안테나숍

20년 전 처음 미국에 다녀왔을 때, 스타벅스를 보고 깜짝 놀랐다. 이제는 다국적 기업이 되었지만, 미국 주요 도시로 빠르게 확장해가는 커피기업 스타벅스의 이미지가 참 신선해 보였고, 한국에서도 가능성이 엿보였기 때문이다. 하지만, 세계적인 기업 스타벅스도 한국에 들어 오기 전에 가장 우려했던 업체가 '쟈뎅' 이라는 커피 전문점이었을 정도로, 당시 한국도 우리만의 독특한 커피 문화를 형성하고 있었다.

스타벅스를 비롯한 패스트 커피 매장이 상당수 시장을 장악했지만, 한국 소비자들이 익숙한 쟈뎅은 지금도 묵묵히 한국 커피업계를 지키고 있다. 쟈뎅은 한국 최고의 B2B 커피원두 생산업체로, 신사동 이면 도로의 멋진 건물 1층에 있는 커피 휘엘은 쟈뎅의 스페셜티 커피 안테나 숍이다. 다양한 브랜드로 한국의 커피업계를 지키고 있는 쟈뎅 덕택에 전 세계를 휩쓰는 커피 대기업이 한국에서는 힘을 못 쓰는 것 같다.

모기업은 단일기업으로서 납품용 커피 국내 최대 생산량을 자랑하고 있지만, 커피 휘엘의 스페셜티 커피에 대한 도전과 자세는 충분히 진지하다. 신사동에 최고 수준의 공간과 합리적인 가격의 양질의 스페셜티 커피를 선보이고, 업계 동료를 배려하며, 진지하게 본인들의 진정성을 오픈한다. 스페인어로 신뢰를 상징한다는 '휘엘'이란 이름에 걸맞게 매장은 준수한 공간과 합리적인 가격의 커피를 선보이고, 수준급 바리스타들과 상당히 양질의 기물을 배치하고 있다. 로스팅 머신은 페트론치니 Petroncini, 에스프레소 머신으로는 라마르조코 La Marzocco 최고급 라인인 스트라다 Strada와 이태리 커피의 상징인 페이마 Faema 레전드 머신이 비치되었다.

머신 못지않게 수준급의 경험 풍부한 바리스타도 많아서 대회 입상 바리스타들이 현장에서 근무 중이다. 2013년도 한국 로스팅 챔피언십 2등의 신현상 로스터가 로스팅을 담당하고, Bean Hunting 업무를 담당하는 윤성오 실장의 커피에 대한 이해가 높아서 로스팅과 소싱이 매우 잘 이뤄지고 있다. 헤드 바리스타인 최석진 바리스타의 추출이 좋다. 에스프레소, 핸드드립 모두 맛이 좋다.

커피 휘엘의 상징은 L19와 L23 커피 블렌딩. 달콤쌉쌀한 L19와 쥬시한 L23의 대비는 굉장히 선명하다. 초반에는 약배전 커피의 상큼한 산미를 부담스러워하던 주변의 손님도 많았지만, 지금은 그 맛 때문에 단체로 방문하는 주변의 직장인이 많아졌을 정도다. 단기간 매출에 일희일비 않을 수 있다는 것이 대기업 안테나 숍이 갖는 미덕인 듯하다. 시간의 여유를 가지고 고객을 이해시키고 설득한 부분은 한국 커피 업계의 주요 자산이 된 것 같다. 스페셜티 커피를 대하는 진정성을 높게 평가하며, 차분히 도전하는 커피 휘엘의 모습이 앞으로도 지속되기를 진정으로 희망한다.

블렌딩 커피 이외의 단종커피는 다양한 방식으로 브루잉 추출되고, 블랙커피 외에도 다양한

한국 정통 원두커피를
맛보고 싶다면,
망설이지말고 커피휘엘을 찾아가자.

창작 메뉴를 선보이는데, 허니칩아포가토는 6천 5백 원이라는 가격이 미안할 정도다. 대부분의 음료가 가격대비 품질이 매우 뛰어나다.

메뉴
아메리카노 – 4천4백원
카페라테 – 4천8백원
아포카토 – 6천5백원
로스팅머신
후지로얄 3kg, 페트론치니 10kg
에스프레소머신
라마르조코 스트라다 EP 2group, 페이마 레전드 E6

주소 서울 강남구 논현동 4-21
전화 070-4665-8138
영업시간 월~금 08:00~10:00 | 토 11:00~19:00
휴무 매주 일요일 휴무 **주차** 가능

클래치

고급스러운 청담동에 자리한
미국의 스페셜티
커피 전문점

2007년 동경, 세계 바리스타 챔피언십. 미국은 역대 최고 성적인 2등을 하게 된다. 세계 스페셜티 커피 시장을 장악하다시피 한 미국이지만, 이상하게 바리스타 챔피언십에서는 번번이 북유럽과 영국, 호주의 바리스타에게 밀려왔다. 2007년은 미국의 여성 챔피언인 헤더 페리가 가장 수상권에 가깝다고 평가를 받았지만, 아깝게 최종에서 고배를 마신다. 이후, 헤더 페리가 못다 이룬 꿈을 마이클 필립스가 한 번의 재수 끝에 성취하고 핸섬 커피로 대박의 꿈을 이룬다.

당시 헤더 페리의 준비 과정과 최종 라운드의 에스프레소는 시합 내외에서 좋은 평가를 받았고, 사용한 커피는 월드베스트에스프레소 블렌딩으로 클래치 커피에서 시판되어, 최초로 대회용 커피가 대중에게 알려지는 계기가 되었다.(참고로 헤더 페리는 클래치 커피 창업주 마이크 페리의 딸이다.) LA에 기반을 둔 미국 스페셜티 커피 로스터리 클래치 커피는 2013

년 말 조용히 한국에 들어왔다.

  미국의 유명한 로스터리지만, 청담동에 새롭게 자리잡은 클래치 커피는 럭셔리한 지역의 화려한 공간에 어울리지 않는 겸손한 가격의 준수한 매장이다. 사견으로는 스페셜티 커피를 지향하더라도 과도한 가격 책정은 그다지 적절하지 않다고 생각된다. 소비자 입장에서 양질의 저렴한 스페셜티 커피업체는 보호해줘야 할 필요성도 있을 것이다.

  매장은 청담동스럽게 세련됐고, 쾌적하고 시원하며, 창작 메뉴도 준수하다. 미국 클래치 커피의 원두 대부분이 항공으로 이송되기에 한국에서 맛볼 수 있는 클래치 커피의 직영점이라 할 수 있다. 이제는 한국과 외국의 스페셜티 커피업체 사이의 실력 차이가 거의 없어, 해외 커피에 대한 무조건적인 탄성보다는 객관적인 시각도 필요할 듯하다.

  월드베스트에스프레소는 향미와 밸런스의 포인트를 잘 포착했고, 벨르에스프레소는 질감에 포인트를 두었다. 브루잉으로 다양한 커피도 준비한다. 원두의 품질에 따라서 브루잉 커피의 가격 편차가 크다. 오픈 바 Bar 형태의 매장이 쾌적해서 바리스타와 연계한 다양한 행사를 진행하기에도 좋다. 2013년 카페쇼 피날레 후에는 라마르조코 La Marzocco와 공동으로 라테아트 Throw down(바리스타들이 자발적으로 참여하는 즉흥적 경연대회)도 진행하였다.

  일부 고가 원두도 있지만, 청담동에 있다는 점에 비추어볼 때 전반적으로 가격이 저렴하다. 거기다 발레 파킹까지 가능하니, 주변에 약속이 있고 색다른 커피가 생각이 날 때 방문하기에 적절하다.

WBC: World Barista Championship, 세계 바리스타 경연대회. 에스프레소, 카푸치노, 창작 메뉴로 이어지는 시연을 통해서 해마다 챔피언을 뽑으며, 대회를 통해서 다양한 화두가 던져진다. 에스메랄다 게샤, 파카마라, 카스카라 같은 커피의 인식과 확산에도 기여했으며, 커피의 추출에서 향미의 역할과 프로세싱의 차이 기술적인 부분이 실제 맛의 차이에 반영되는지 여부가 실제로 나타나는 등 다양하게 나타나는 대회 결과로 좋은 평가를 받고 있다. 2013년 대회에서는 우승자인 피트리카타의 Seed to Cup(피트리카타가 농장에서 직접 농사를 지은 커피를 가지고 나왔다.), 준우승자인 맷 퍼저의 파격적인 그라인더 시연(그라인더에 따른 커피 결과물의 차이를 보여주었다.)이 화제를 불러 일으켰다.

메뉴
에스프레소 – 5천원
라테 – 7천원
에스키모카 – 1만2천원
에스프레소머신
라마르조코 GB5

주소 서울 강남구 청담동 91 승원빌딩 1, 2층
전화 02-540-5419
영업시간 10:00~24:00
휴무 연중무휴 **주차** 가능

로스팅 머신의 특성

대표적인 로스팅 머신의 성향을 알게되면 로스터리의 특성을 이해하는 데 도움이 될 것 같다. 국내외 대표적인 로스팅 머신의 성향에 대해 간단히 정리해보았다.

1. 프로밧 Probat

독일 생산의 로스팅 머신으로, 정확하고 균등한 품질의 결과물이 나타난다. 반열풍식 머신의 상징이기도 하다. 한국뿐만 아니라 전 세계 모든 커피인이 가장 선호하는 머신으로, 스페셜티 커피의 특징인 향미 발현과 생두의 성향이 잘 나타난다. 사이즈에 따라 프로밧티노(소형), L5(중형, 최신 모델은 P5로 바뀌었음.), L12(12Kg 대형) 외에 빈티지 모델(프로밧의 성향상 주물 구조라 오래된 빈티지 모델도 지금까지 사용된다.)로 나뉜다. 나머지는 커스텀 제작이다.

2. 기센 Giesen

프로밧의 네덜란드 공장 엔지니어가 독립해서 제작한 머신으로, 프로밧과 동일한 성능 혹은 경우에 따라 좀 더 향미가 부각되는 스페셜티 커피에 적절하다는 평가를 받기도 한다. 최근 사용빈도가 높아지고 있다. 프로밧 UG, 프로밧 빈티지 모델의 리빌딩 작업을 지금도 진행한다.

3.　　　디드릭 Diedrich

미국 생산 로스팅 머신이며, 전도열을 부분적으로 이용한 머신이다. 커피의 향미도 좋지만, 스위트니스가 좋은 커피의 로스팅에 최적화되었다고 평가받는다. 드럼 내부를 보면 전도열의 외부 발산을 자제하기 위한 구조가 형성되어, 열 보관 효과가 좋다.

4.　　　후지로얄

직화식과 반열풍의 중간으로, 일본 로스터에서 많이 사용한다. 바디감이 좋고, 깊고 풍부한 질감의 커피를 표방한다. 다만, 일부 직화식 머신의 특성상 탄 맛이 도출될 수 있다. 가장 어려운 로스팅 머신으로 손꼽힌다.

5.　　　태환

한국 최초의 로스팅 머신 제작 업체로, 다양한 사이즈 외에 맞춤 제작이 가능하다. 보급형 가격대가 저렴해 한국 로스팅 매장에 지대한 영향을 미쳤다. 가격대비 만족도가 높고 꾸준히 품질 향상이 지속되고 있다.

CHAPTER 5

스페셜티 커피 in 기타지역

서울 도심에서 비켜 있지만,
훌륭한 커피를 선보이는 비밀 아지트.

Montage

몽타주 커피

영화 같은 커피 한 잔?

'몽타주'라는 말은 따로 촬영된 화면들을 편집하여 새로운 장면, 내용을 창조하는 사진이나 영화 촬영 편집기법을 의미한다. 커피 매장의 이름으로 함축적이면서도 상징적인 의미가 느껴진다. 마침 커피 몽타주의 대표적인 블렌딩 이름이 비터스위트니 적절한 비유일 수도 있겠다. 인생이 영화 속 달콤함과 씁쓸함의 경계에 있듯이 말이다.

커피 몽타주는 홍대 상권처럼 창의적이지도 않고 강남처럼 유동인구가 많지도 않은 성내동에서도 조금 외진 곳에 있지만, 에일리언 커피와 함께 강동권에서 손꼽는 커피를 생산하는 곳으로 바리스타에게 많이 알려졌다.

커피 납품을 생각하고 로스터리 전문 매장으로 시작을 했지만, 꽃을 좋아하는 아름다운 사모님의 권유에 따라 커다란 프로밧 Probat 로스터기 옆 작은 공간을 카페로 바꾸기 시작했다고 신재웅 대표는 전한다.

로스팅 머신 중 가장 추출이 안정적이지만, 고가의 프로밧 최신 모델인 P5를 설치한 데다 오랜 시간 준비하며 소모된 비용이 많아서, 카페로서 몽타주의 공간은 매우 검소하지만 세련되고 아름답고 사랑스럽다.

3평 내외의 작고 아담한 상가 일 층에 있기 때문에 로스팅과 커피 추출에 치명적인 직사광선이 없어서 좋고, 매장의 조명도 일관되어 더욱 좋다. 매장의 소파 위 전등이 켜진 사진을 보고 나면 누구라도 이곳을 다시 방문하고 싶어질지도 모른다.

유동 인구가 그다지 없는 지역의 특성상 에스프레소 머신은 소형 머신이지만, 가장 최첨단 머신인 라마르조코 La Marzocco의 GS3로 준비했고, 브루잉 커피는 케멕스 Chemex와 하리오 Hario로 예쁘게 전용 스탠드를 만들어 놓았다. GS3로 만든 에스프레소와 라테는 몽타주의 대표 블렌딩인 비터스위트와 아주 잘 어울려서 에스프레소에서는 이탈리아 정통 커피가 연상되는 당당함이, 라테에서는 진하고 입체적인 느낌이 강하게 든다.

앞서 말했듯이 작고 자본이 적게 투입된 매장이지만, 깔끔하면서도 아름다운 공간이다. 개인적으로 친지들이 커피 매장을 오픈한다면 가장 추천해주고 싶은 디자인이다. 커피를 좋아해서 생업이던 IT 업종의 일을 포기하고 커피 로스터리 오픈 준비에만 3년을 넘게 투자한 신재웅 대표와 아름다운 '싸모님'이 매장을 깨끗하고 예쁘게 꾸몄다. 좀비 커피와 함께 사모님의 손길이 느껴지는 따뜻하고 정갈한 매장의 대표적 사례인 것 같다.

한가할 때는 대화하기도 좋아서, 커피를 좋아하는 손님이라면 정말 많은 것을 대화하고 배울 수 있는 매장이다. 리브레의 영향이 있어서인지 로스터리를 지향하고 있으며, 도매 납품이 많아서 품질이 안정적이다. 일반 손님도 원두를 구입하면 커피는 무료로 한 잔 서비스된다.

리브레의 다이렉트 트레이드와 나무 사이로 생두도 많이 보인다. 리브레와 나무 사이로의 커

피를 '같은 커피 다른 느낌'으로 마셔보는 재미도 쏠쏠하다. 마치 류현진 경기를 하일성과 허구연 버전으로 따로 보는 재미처럼….

GS3: 이탈리아 피렌체에서 생산되는 라마르조코 머신의 가장 소형 사이즈로, 작은 매장이나 가정용으로 사용된다. 소형이지만, 추출 성능은 극상급이고, 가격도 다른 중형 머신 정도 된다. 단점이라면, 보일러 용량의 한계상 연속 추출이 조금 벅차다.

메뉴
에스프레소, 라테, 핸드드립 - 각 3천원
로스팅머신
프로밧 P5
에스프레소머신
라마르조코 GS3

주소 서울 강동구 성내동 555-5 1층
전화 070-8262-1303
영업시간 평일 12:00~18:00 | 토요일 10:00~18:00
휴무 매주 일요일, 공휴일 휴무 **주차** 가능

Second

세컨드

한적한 도봉산 초입에서 즐기는
에스프레소 한 잔

세컨드 커피를 처음 만난 곳은 모 남성잡지의 겨울철 자선 바자회 팝업 커피 매장에서였다. 익숙한 매드, 헬, 에일리언과 함께 참여한, 당시로써는 낯설었던 매장이 세컨드 커피였다. 마침 지인이 있던 지라, 행사장에 찾아가 커피를 마셨는데, 에일리언 커피의 에스메랄다 게샤 핸드드립 커피와 세컨드 커피의 에스프레소였다. 에스메랄다 게샤가 워낙 향기롭고 아름다운 커피였다면, 정체불명의 세컨드 커피 에스프레소는 당돌하면서 입을 꽉 채우는 바디와 여운 있는 단맛에 초콜릿이 연상되는 질감까지, 흔히 맛볼 수 없었던 충격적인 맛이었다.

당시 에스프레소 샷을 추출하면서 김정회 세컨드 커피의 대표가 추출이 약간 아쉽다고 했던 말이 밤새 귀를 맴돌더니 결국은 다음날 아침 강북구의 수유동 매장까지 달음질쳐서 찾아가게 되었다. 매장은 수유역에서도 한참 떨어진 한신대학과 도봉산 올라가는 길 앞에 조용히 있었다. 대학가 앞이지만, 신학

대학 앞이라서인지 북적댐이 없는 등산로 앞의 느낌이 참 좋았다. 이른 아침이지만, 매장 밖 스피커로 클래식 음악이 흘러나오는 차분한 분위기였다.

완벽한 에스프레소는 무엇일까? 스페셜티 커피 업계를 관통하는 커다란 화두이기도 한데, 세컨드 커피의 김정회 대표는 단호하게 본인의 지향점을 이야기한다. 완벽한 에스프레소란 초콜릿이 연상되는 질감과 캐러멜과 같은 단맛의 밸런스에 강배전 커피 특유의 단호하면서도 당돌한 느낌의 에스프레소를 의미한다고 말한다. 물론 과일 향과 꽃향기를 머금은 다양한 산미에 단맛이 어우러진 에스프레소를 더 높이 평가하는 경우도 있지만, 오랜 커피 역사를 지니고 있는 이탈리아 커피를 볼 때, 세컨드 커피의 이야기가 설득력이 있을 수 있다.

결국 세컨드 커피의 에스프레소 한 잔에 커피에 대한 생각이 더 깊어진 것 같다. 이날 마신 에스프레소와 김정회 대표, 류정윤 로스터와 나눈 대화를 통해 내가 진정 좋아하는 커피를 다시 생각해보게 된 것 같다. 에일리언 커피와 함께 가장 많은 생각을 하게 된 매장이다.

매장의 생두는 대부분 리브레의 생두를 사용하는데, 로스팅 원두 납품 가격은 이외로 저렴하다. 헬 카페의 임성은 바리스타가 정말 부러워하는 고급 생두라던데, 그 가격이라면 이곳도 납품 마진이 매우 빡빡해 보인다.

로스터리를 표방하다 보니 수유동의 매장은 그다지 넓거나 편하지는 않다. 프로밧 Probat 머신과 이탈리아 커피에 가장 잘 어울리는 페이마 Faema E61 레전드 머신이 자리를 차지하고 남은 공간은 테이블 두 개가 전부다. 기본적으로 에스프레소 바를 표방한 매장이지만, 싱글오리진 핸드드립도 추출이 가능하고, 스피릿(위스키나 브랜디 같은 증류주) 계열의 알코올 커피도 추출이 가능하다.

매장의 로스팅을 담당하는 류정윤 로스터는 2010년 KCC 굿 스피릿 챔피언십 한국 1위에 빛

한적하고 분위기 좋은 곳에서
즐겨보는 의미 있는
에스프레소 한 잔

나는 스피릿 계열 커피 스페셜리스트다. 지금은 로스팅에 전념하지만, 한국 최고의 아이리시커피를 만든다는 소문이 있다. 아이리시커피는 메뉴에는 없지만, 매장이 한가할 때 어렵게 부탁해야만 맛볼 수 있다. 에스프레소 커피 외에 추천 메뉴로는 수제 캐러멜을 첨가한 카페골드인데, 두 가지 버전으로 서비스가 가능하다. 여름철에는 아이스드립 메뉴용으로, 배전도를 낮춘 전용 커피가 따로 준비되었다.

한 잔의 에스프레소 덕택에 낯선 지역의 등산로 앞을 헤매고 말았지만, 덕분에 정통 에스프레소 한 잔을 만나고 왔다.

메뉴
카페골드 - 4천5백원
에스프레소 - 3천5백원
로스팅머신
프로밧 lp5
에스프레소머신
페이마 e61

주소 서울 강북구 수유1동 464-11번지
전화 070-8226-0012
영업시간 10:00~22:00
휴무 연중무휴   **주차** 가능

Aliens Coffee

에일리언 커피

엉뚱발랄하지만,
진정성 있는 커피의 맛

업계 바리스타들이 이구동성으로 추천하면서 '마음의 고향' 같다고 한 외계인 커피를 방문하기 전에는 그 느낌을 이해하기 어려웠다. 스페셜티 커피를 취급하지만 본인은 가장 평범한 커피를 좋아한다고 당당히 말하는 김동민 바리스타의 에일리언 커피 매장을 관통하는 분위기는 창의적이고 발랄하면서도 왠지 모르게 잔잔하게 애수가 흘러나오는 것 같다.

커피 몽타주와 함께 강동구의 대표적 스페셜티 커피 매장인 에일리언을 방문하기 전, 살짝 긴장이 되었다. 그런데 막상 방문해보니 해학적이면서 진정성 있는 매장의 분위기에 흠뻑 반하는 바람에 예정된 시간을 두 배나 넘겼다. 뒤의 일정이 아니었으면 이날 얼마나 많은 시간을 보냈을지 가늠하기 힘들다.

에일리언 커피를 창업한 김동민 바리스타의 행적은 매우 특이하다. 일찍이 파인 다이닝 업계에 몸을 담다가, 커피로 전향한 후에 '클럽 에스프레소', '주빈 커피'에서의 경험을 바탕

으로 본인의 매장을 창업했다. 본인의 표현에 따르면 바리스타 대회에서 우승한 것도 아니고 특별한 커리어가 없는 소박한 바리스타라는데, 커피에 대한 철학과 생각이 위트 있으면서도 진지하고 진정성이 엿보인다.

매장은 전반적으로 소박하고 살짝 허름한 느낌도 있다. 로스팅 머신은 수동 로스터에 비견되는 트라니아 Trania며, 매장은 주인이 직접 장식과 꾸밈을 전담해서 검소하다. 마찬가지로 직접 매장을 꾸민 좀비나 몽타주에서 나타나는 세련됨은 물론 없다. 그렇지만, 정말 좋다. 그림 실력이 뛰어나지 않은 주인장이 모든 그림을 직접 그렸는데도, 굉장히 창의스럽고 엉뚱하고 개궂다. planccc.com의 주남대 대표도 한국에서 가장 창의로운 공간으로 꼽을 정도니 개인적으로도 공감이 간다.

한 배치의 용량이 300그램 정도인 초소형 로스팅 머신을 사용함에도 불구하고 에일리언 커피는 COE 커피에서 게샤 커피까지 다양한 커피를 꾸준히 생산하고 있다. 트라니아 로스팅 머신은 잘 만든 수제 로스터로 유명한데, 실제 상용매장에서 직접 만난 것은 이곳이 처음이다. 거기다 핸드드립용 커피 그라인더는 몇 세기가 지났을 법한 앤티크 수동을 쓰지만, 생각보다 과학적인 이유에 근거한 판단이다. 그라인더의 이중날과 수직 구조는 미분 제거에 좋고 그라인딩 비율이 일관적이다. 수백만 원이 넘는 전문 그라인더와 비교했을 때 절대 부족하지 않은 구조다.

파격을 좋아해서 엉뚱한 매장으로 인식되기도 하지만, 진정성을 가지고 대화를 하다 보면, 해학과 커피에 대한 뜨거운 애정이 느껴진다. 독특한 방식이지만 확신에 찬 커피를 선보인다. 가장 향기로운 커피인 게샤 커피가 매장에 있지만, 본인의 커피 철학은 커피다운 커피를 만드는 것이다. 개인적으로 가장 좋아하는 에스프레소는 추출 후 10시간이 지나 향기가 빠진 커피의 질감이라고 강조하는 김동민 대표의 말에 얼떨결에 전날 추출한 에스프레소 커피를 얻어 마시고 말았

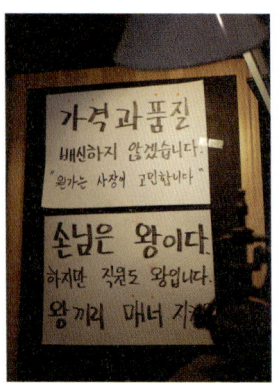

다. 그런데 생각보다 맛이 부드럽고 진하며 단맛이 의외로 생생했다.

소크라테스가 편견에 대한 본인의 무지를 인식함이 知의 시작이라 말했듯이, 커피에 대한 상식에 도전을 함으로써 내가 진정 좋아하는 커피를 발견하는 계기가 된 듯하다. 엉뚱하지만 깊이 있는 바리스타에게 인생의 지혜를 배운 날이었다.

커피를 포함한 모든 음료가 양질의 품질을 자랑하며 여름철에는 빙수가 정말 맛있다. 1970년대 새마을운동 세대의 수동 빙삭기로 진짜 눈꽃얼음 빙수를 만드는 장면을 목격할 수 있다. 양질의 커피와 더불어 웃음이 있으면서도 진정성이 엿보이는 외계인 커피. 이곳의 주인장이 정말 외계인일 수도 있다는 어느 방문객의 표현대로, 진정 의심이 가기도 한다. 만약 외계인 커피가 맘에 들지 않는다면, 유머를 모르거나 커피를 좋아하지 않는 사람이거나, 둘 다일지도 모른다. 사색적인 커피 한 잔이 이렇게 웃음을 줄 수 있다는 것이 고맙다.

메뉴
오늘의커피 – 4천원
외계인라테 – 4천5백원
로스팅머신
트라니아 600, 트라니아 250
에스프레소머신
시모넬리 아우렐리아 2G

주소 서울 강동구 길동 390-30 1층
전화 010-2050-6267
영업시간
평일 10:00~24:00 | 주말 및 공휴일 12:00~24:00
휴무 연중무휴　**주차** 가능

스페셜티 커피에 적절한 브루잉

브루잉 Brewing이란 통상적으로 핸드드립, 혹은 푸어오버 Pour over와 같은 호칭으로 통용된다. 구체적으로는 조금씩 다른 의미지만, 머신을 제외한 모든 방식의 추출을 통합해서 표현하는 용어다. 흔히 단종커피에 많이 사용되는 추출 방식인데, 전통적인 핸드드립부터 특징적인 추출 방식 몇 가지를 정리해 본다.

1. 핸드드립

한국에서 가장 많이 보이는 스타일로, 한국식 핸드드립은 통상적으로 드리퍼의 하부 추출구가 3개 짜리인 칼리타 방식이 가장 많이 사용된다. 칼리타 방식은 일본식 핸드드립에서 시작된 것으로, 가장 정교한 물줄기를 지향한다. 근래 들어 미국식 푸어오버 방식(좀 더 빠른 물줄기와 신속한 추출)의 상징인 하리오 드리퍼의 사용도 빈번하다. 테라로사는 핸드드립 방식으로 칼리타 드리퍼를 사용하며, 홍대앞 테일러는 하리오 드리퍼를 이용해 푸어오버 방식으로 추출한다. 칼리타가 추출 시간이 길고 물줄기가 섬세해서 깊은맛을 표방한다면, 하리오 방식은 신속한 추출을 통해 깔끔한 맛을 지향한다.

2. 케멕스 Chemex

독일에서 시작된 유리 일체형 드리퍼로, 독특한 구조와 아름다운 자태로 유명하다.

매우 두꺼운 필터를 사용하고 바리스타의 실력이 크게 좌우하지 않기에 보급형 드리퍼로 많이 사용되었다. 브루잉 방식의 바리스타 대회인 브루어스에도 꾸준히 등장하는 추출기구이며, 오픈앨리에서 브루잉 방식으로 사용하고 있다.

3.   에어로프레스 Aeropress

에스프로프레스와 함께 커피의 성향을 가장 잘 표현한다는 추출 기구다. 외관과 구조가 간단해서 한동안은 휴대용 에스프레소의 대안으로 연구되기도 했으며, 브루잉 커피에 최적화된 결과물을 선보인다. 커피의 향미와 산미를 가장 섬세하게 추출하며, 유럽의 매장에서 가장 많이 사용되는 브루잉 방식이다. 리브레에서 브루잉 방식으로 사용하고 있다.

4.   에스프로프레스 Espropress

캐나다의 벤처 기업이 생산한 커피 추출 기구다. 프렌치프레스와 거의 동일한 추출 방식이나, 열 보관 효과가 좋고 더블 마이크로 필터로 인해 미분이 제거된 추출 형태다. 에어로프레스가 날카로운 추출 성향을 보인다면, 에스프로프레스는 침출 방식의 특성상 좀 더 깊은맛을 나타내는 경우가 많다. 사견으로는 에어로프레스와 함께 가장 만족스러운 브루잉 방식이다. 엘 카페와 나무 사이로에서 오늘의 커피에 사용한다.

APPENDIX 1

스페셜티 커피 in 수도권

복잡한 서울 도심에서 한적한 경기도 주변으로
눈을 돌려보자.

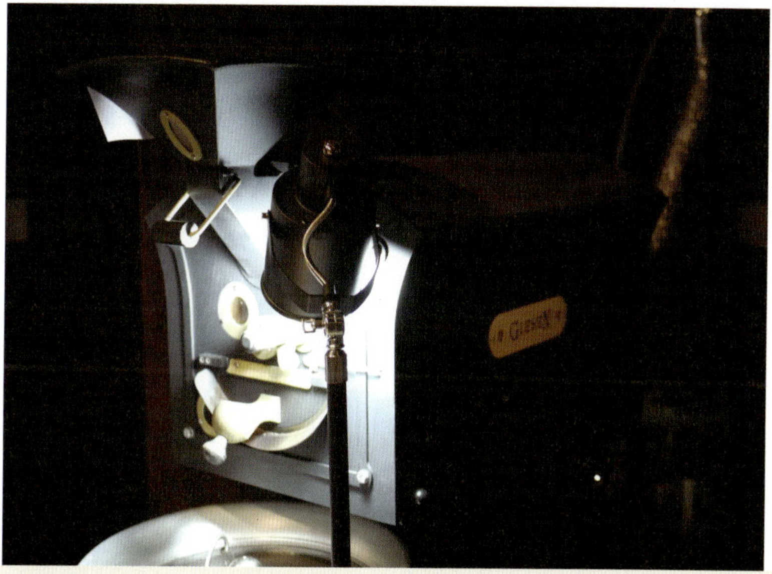

180 커피

독특한 인테리어와
젊은 감각이 돋보이는 커피 매장

분당 최대 규모의 멋진 시설과 공간을 자랑하는 180 커피의 이승진 대표는 2013년 한국 로스팅 챔피언십 국가대표이며, RGOK Roasting Guild of Korea 초대 의장으로 한국 최고의 로스팅 마스터 중 한 명으로 손꼽힌다. 또한, 바리스타 팀장 류연주 바리스타는 2012년 한국 국가대표 바리스타로 선정되었다.

참고로 세계 로스팅 챔피언십 2연속 챔피언인 서필훈 리브레 대표는 이승진 180 커피의 로스팅 스승으로, 지금도 돈독한 관계를 유지하고 있다. 서필훈 대표의 혹독한 훈련이 지금의 이승진 국가대표 로스터를 성장시킨 것 같다. 실력만큼이나 뛰어난 인격의, 노력하는 이승진 대표에게는 좋은 인연이 뒤따르는 것 같다.

새롭게 개장한 매장은 총 3개 층으로, 지하는 로스팅 공간과 힙합을 연상시키는 멋진 공간으로 나뉘어 있고, 1층은 커피 바 Bar, 2층은 일조량을 충분히 확보하여 조명으로 빛을 극대화

시킨 각기 다른 공간으로 연출되었다. 한국에서 가장 파격적인 구성이 아닐까 싶다.

1층의 커피 바에는 라마르조코 리네아 La Marzocco Linea 지글러 레드 튜닝 모델(지글러 튜닝 - 에스프레소 추출에 중요한 요소인 온도 보정 효과)과 이탈리아 에스프레소 머신의 상징 페이마 레전드 모델을 비치했는데, 커피 원두에 따라, 향미 발현 커피인지 질감 위주의 커피인지에 따라서 추출을 달리한다.

로스팅 국가대표 출신답게 지하 로스팅 공간에는 기센 Gisen 소형 모델인 W1과 프로밧 Probat UG15 빈티지 기센 리빌트 모델이 비치되었다. 미국 최고의 스페셜티 커피 회사인 '인텔리젠시아'가 사용하면서 유명해진 프로밧 UG 1960년 모델(가장 이상적인 로스팅 바디로 손꼽히는 독일의 UG는 후에 독일의 경쟁회사 프로밧에 인수된다.)도 드물게 보이지만, 기센에서 리빌트된 모델은 전 세계의 카페를 다녔지만, 처음으로 만나는 모델이었다. 지금은 프로밧 의 하청 공장에서 독립해서 본인의 로스팅 머신을 만들지만, 기센은 빈티지 로스팅 머신을 리빌트하는 작업을 커스텀 의뢰를 받아 진행한다. 취향에 따라서 다소 논란이 있기는 하지만, 가장 완벽에 가깝다고 손꼽히는 모델이라 할 수 있다.

180 커피의 스펙과 하드웨어가 소비자 입장에서는 굉장히 재미있지만, 매장 철학의 핵심은 동료를 넘어선 가족애가 아닐까 싶다. 이승진 로스터는 사업가이기도 하지만, 동료, 가족을 챙기는 따뜻한 가장이기도 하다.

스위트니스에 강점을 둔 로스팅 철학의 커피는 두말할 나위 없이 훌륭하며, 덤블링, 바이올렛, 초콜릿의 블렌딩은 이름에서 연상되는 느낌답게 통통 튀고, 섬세하고, 끈적이는 질감의 커피를 만들어낸다. 특히 덤블링 블렌딩은 대전 톨드 어 스토리의 라이온킹 블렌딩 원두와 비슷하게 고가의 원두로 구성되는 등 아낌없이 생두를 사용하고 있다.

마지막으로 커피를 못 마신다면 가장 권하고 싶은 에이드 종류들, 특히 청라임아이스큐브를 추천한다. 이태원 원더 커피의 베리큐브와 함께 최고의 맛과 비주얼의 에이드 음료로 꼽을 수 있다.

메뉴
에스프레소 – 5천원
청라임아이스큐브 – 7천원
로스팅머신
프로밧 UG15, 기센 리빌트
에스프레소머신
라마르조코 리네아, 페이마 레전드

주소 경기 성남시 분당구 율동 323-9
전화 031-8017-1180
영업시간 11:00~21:00
휴무 명절 휴무   **주차** 가능

— Redish Brown —

레디쉬 브라운

한국 큐 그레이더 0세대
분당 스페셜티 커피의 산증인

'레디쉬 브라운'은 잘 추출된 에스프레소의 표층 색깔을 의미한다. 카페 레디쉬 브라운은 분당 백현동 카페거리의 원조격인 곳으로, 한국 큐 그레이더(미국 SCAA 산하 CQI 인증을 받은 전문 CUPPER) 0세대, 미국 유학파 1세대인 이수경 대표의 매장이다. 지금은 전 세계 큐 그레이더의 절반 정도가 한국인으로 채워졌지만, 4년 전 개장 초만 해도 레디쉬 브라운에는 커핑 공부를 위한 개별 수강생들이 줄을 이을 정도였다.

미국파 큐 그레이더 출신이지만, 이수경 대표의 레디쉬 브라운은 미국식의 지나친 스페셜티 커피 중심의 흐름보다는 프로세싱과 추출상의 클린컵에 전념하여 커피를 만드는 데 중점을 두고 있다. 고가의 커피보다는 가성비가 높은 프리미엄과 스페셜티 커피를 중점으로 취급하며, 로스팅 전 엄격한 핸드픽 과정을 거쳐 같은 생두지만, 월등한 품질의 커피를 생산하고 있다. 이수경 대표는 골든컵 커피로스팅 심사위원을 비롯

한 다양한 대외 활동에도 활발하다.

커피 품질에 아주 까다로운 전문 매장이지만, 외관은 굉장히 아름답고 화려하다. 판교 백현동의 상가 건물을 신축할 때부터 카페를 염두에 두어 매장의 구석구석이 꼼꼼하고, 화려하고, 아름답다. 아름다운 중년의 마음을 대변하는 이수경 대표의 성향이 매장 곳곳에 드러나서, 잉어가 노니는 연못에서부터 묘목 하나하나에 애정을 쏟은 나무들까지, 여성스럽고 아름다운 매장이다.

특히 인상적인 것은 들어서자마자 나타나는 커다란 파키스탄 소녀 사진. 중동사진 전문 작가인 유별남 작가의 국내 사진전을 거의 레디쉬 브라운에서 개최하고, 지금도 몇몇 작품은 전시되어 있다. 매장에 걸려 있는 사진은 파키스탄에서 거주하는 이라크 소녀의 모습이다. 전쟁 중 잠시 파키스탄으로 이동했지만, 다시 고국으로 추방될 예정이라는 이라크 소녀의 앞날에 대한 걱정과 불안한 눈빛이 사진에 투사되어 있는 것 같다.

재료에 중점을 두는 매장의 철학상 커피 외의 음료 및 음식에도 수제와 유기농 재료 사용을 매우 중시한다. 브런치와 베이커리의 비중이 점차 커지면서 이수경 대표가 발효종 만드는 법을 직접 셰프에게 배웠고, 한동안 매장 내 사용되는 베이커리는 직접 생산했다. 모든 준비를 본인이 직접 하는 수고 때문에 이수경 대표의 피곤함이 배가되지만, 손님 입장에서는 정말 사랑스러운 식음료들이다.

커피는 물론 훌륭하다. 시그니처 메뉴는 진하게 추출한 후 적절한 희석을 통해 한국인의 입맛에 맞춘 핸드드립 커피와 여름철 팥빙수. 4년 전부터 수제 팥과 눈꽃얼음으로 유명한 팥빙수를 만들어내고 있다. 민트와 라임을 많이 사용한 모히토도 청량감이 좋다.

매장 분위기가 여성스럽고 고급스럽지만, 주말에는 가족 단위의 손님도 많다. 세상의 중심은 여자라고 과감히 외쳐본다. 딸을 둔 아빠의 푸념이니 이해를.

한국 큐 그레이더 0세대.
서울만 스페셜티 커피로 유명한 것이 아니다.
분당에서도 스페셜티 커피를 즐겨보자.

클린컵: 커피를 평가하는 표현 중 하나로, 커피의 후미와 연계된 청명한 느낌을 나타낸다. 희석을 많이 한 커피와는 다른 의미로, 커피 자체가 가진 선명한 느낌을 뜻한다. 한국 큐 그레이더를 초기에 심사한 SCAA 산하 CQI 인스트럭터 Marty가 선호하는 커피 성향이다.

메뉴
아메리카노 - 4천5백원
핸드드립에티오피아코케 - 7천원
모히토 - 7천원
로스팅머신
프로밧 프로바티노
에스프레소머신
시모넬리 아우렐리아 3그룹

주소 경기 성남시 분당구 백현동 565
전화 031-8016-2055
영업시간 평일 10:30~22:30 | 주말 10:30~23:00
휴무 연중무휴 **주차** 가능

Roasting House

로스팅 하우스

한국 로스팅 머신의 독보적인
태환 프로스타 전시장

어린 시절 선생님이 수업 중에 "너희는 자동차를 생산하는 나라에서 태어난 것을 축복으로 알아라."라는 말을 하셨다. 당시에는 천재벌적인 선생님의 말씀이 부담스러웠지만, 해설이 인상적이었다. 비록 품질이 아쉬운 자국 차 메이커지만, 국산 차가 있다는 이유만으로도 우리는 수입차 업체의 횡포에 시달리지 않을 수 있다는 의견이었다. 막연하게만 생각했던 이러한 사실을 2012년 네팔 커피 산지 자원 봉사를 다녀온 후 절실히 느끼게 되었다. 한국보다 물가가 훨씬 저렴한 네팔인데도 인도산 자동차가 한국의 두 배 가격에 유통되는 현장을 발견한 것이다.

자국에 로스팅 머신 생산 업체가 있다는 점이 한국의 커피인들에게는 정말 축복이다. 자국 생산업체가 없었더라면 수입 로스팅 머신에는 더욱 높은 가격과 AS 비용이 책정되었을 것이고, 로스팅 머신의 수입에 따른 국부 유출까지 감안한다면,

가격대비 품질이 좋은 자국 로스팅 머신의 존재만으로도 한국은 세계 커피 업계의 부러움을 받을 만하다.

파주에 있는 로스팅 하우스는 로스팅 머신 생산 업체인 생두와 원두 유통을 담당하고, 태환의 머신 쇼룸까지 갖춘 커피 매장이다. 이전에는 생두 유통도 했지만, 최근에는 '알마시엘로' 라는 생두업체와 작업하며, 커피 원두 유통과 머신 소개, 그리고 다양한 커피 관련 세미나를 진행하고 있다. 머신 업체에서 시작했지만, 지금은 당당히 커피 품질 관리까지 하면서 스페셜티 커피의 중요한 한 축을 담당하고 있다.

최근 아프리카 생산 커피원두가 급격히 많아지고 COE급 커피도 많아서 로스팅 하우스 커피 원두의 품질은 스페셜티 커피급을 뛰어넘는 경우가 많다. 큐 그레이더 2세대인 김수지 팀장이

로스팅과 추출을 안정적으로 관리해서 커피 결과물도 아주 좋다. 파주의 매장이 대형매장이라면, 경기도 부천의 주상복합 일층의 매장은 쾌적하고 접근성이 좋다. 파주의 로스팅 하우스에서는 태환에서 제작한 모든 종류의 로스팅 머신을 직접 확인할 수 있고 다양한 추출 방식으로 커피를 마실 수 있다.

추천 메뉴는 커피와 초콜릿이다. 한국에서는 롯데와 해태를 제외하고는 유일하게 초콜릿 원료인 카카오를 직수입해서 사용하고 있다. 카카오 커버처 원료를 직수입해 가공하는 기술은 최첨단 시설과 기술이 필요하다. 커피뿐만 아니라 Bean To Bar 카카오 처리 기술도 국내에서 손꼽힌다. 매장 내에 파티시에와 쇼콜라티에가 상주하며 디저트와 초콜릿을 직접 생산하는데, 일체의 화학 첨가물을 넣지 않고 냉장유통하는 믿음직한 먹거리를 만든다.

메뉴
핸드드립 - 6천원
에스프레소 - 3천원
아메리카노 - 4천원
카푸치노 - 5천원
로스팅머신
태환 프로스터
에스프레소머신
라마르조코 스트라다 EP 3GR
시모넬리 아우렐리아 2GR

주소 경기 파주시 광탄면 방축리 202-4
전화 031-942-5455
영업시간 09:00~19:00
휴무 명절 당일 휴무   **주차** 가능

알레그리아

커피, 바리스타
그 무엇 하나 부족함이 없는 곳

알레그리아는 로스팅, 추출, 분위기까지 여러모로 화제가 되는 곳이어서 매체들의 취재 요청이 빈번하지만, 실제로 취재가 이루어진 경우는 드물다. 개인적으로 그 이유가 참 궁금했다. 마침 오래된 개인적 인연을 핑계로 용기를 내 문의할 기회가 생겼고, 재미난 답변이 돌아왔다.

삼성전자에서도 아주 성공한 직장인이던 유기용 대표는(그에게는 정말 직장인으로서도 계속 성공했을 것 같은 DNA가 느껴진다.) 알레그리아 커피 로스터즈가 커피 매장보다는 커피로스터로서 알려지기를 희망한다. 그래서 매장을 쇼룸이라 생각하고 정성껏 꾸몄을 뿐, 진정 원하는 것은 쇼룸이 아닌 커피가 부각되는 것이고 이를 통해 알레그리아가 '아름다운 커피로스터'로, 더 나아가 '한국 최고의 커피기업'으로 남는 것이라 한다. 커피인이자 기업가로서의 패기가 느껴지는 답변이었으며, 충분히 실현가능하리라 생각된다.

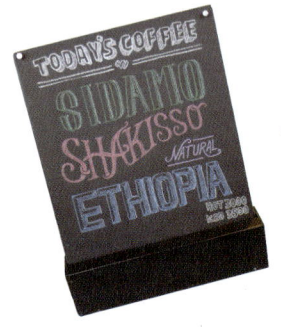

판교 테크노 밸리의 까다로운 직장인이 지역 최고의 커피라 손꼽는 알레그리아 커피 매장은 멋지고, 그들이 만들어내는 커피는 훌륭하다. 일찌감치 매장에 들여놓은 라마르조코 La Marzocco GB 모델과 다양한 튜닝 기물을 통해 자신들의 커피에 맞는 적절한 퍼포먼스와 추출을 제공한다. 브루잉은 하리오 Hario와 에어로프레스로 상황에 따라 적절한 커피를 추출한다.

특히 알레그리아를 상징하는 것은 뛰어난 인적자원인데, 바리스타의 접객 능력이 한국 최고를 자랑한다. 커피를 모르는 손님이라도 전혀 부담 없을 만큼 편안한 눈높이에서 다양하고 전문적인 커피를 원숙한 솜씨로 추천해 준다. 에스프레소와 핸드드립(푸어오버 추출), 에어로프레스 추출이 모두 좋으며 베리에이션 음료로는 원당을 함유한 캔디팝라테를 추천한다.

알레그리아 커피의 대표적 블렌딩인 정글에스프레소는 브라질, 인디아, 에티오피아로 구성된 의외의 블렌딩이다. 유사한 두 커피와 양념처럼 끼인 커피의 성향이 극단적이라 비율만으로는 블렌딩의 맛을 표현하기 어렵다. 굳이 설명하자면, 굉장히 고소하면서도 담대하고 상큼함과 앙증맞음이 살포시 숨겨져 있다. 블렌딩 원두 구성을 오픈한 이들의 노력도 대단하지만, 가장 놀라웠던 것은 베이스 커피 생두를 선택하기 위해서 커핑한 샘플만 10가지가 넘는다는 사실이다. 진정으로 커피에 대한 이해와 애정이 없다면 불가능한 일이라 생각한다. 자기들의 지향점을 위해서 묵묵히 정진하는 이들에게 앞으로 어떤 일이 벌어질지 기대된다.

사견을 덧붙이자면, 알레그리아 커피를 빛나게 하는 것은 커피, 로스팅, 기물, 추출 외에도 뛰어나고 충성심 높은 직원들에게 있다. 추출 실력뿐만 아니라 손님에 대한 배려의 마음이 돋보인

다. 좋은 커피와 바리스타, 무엇 하나 부족함이 없는 알레그리아 커피 매장은 판교와 서초동에 한 개씩 있다.

에스프레소, 라테, 핸드드립 모두 훌륭하고, 특히 약간의 가당이 된 캔디팝라테는 테크노밸리의 직장인이 선호하는 오후 간식으로 유명하다. 마지막으로 아이리시커피는 가능하다면 꼭 마셔보기를 추천한다. 케멕스^{Chemex}로 한 잔씩 핸드드립한 커피와 제임슨 12년으로 만든 스피릿 계열의 커피로, 제조 과정도 생생하게 볼 수 있고, 샌프란시스코의 유명한 매장인 '부에나비스타'의 아이리시커피보다 더욱 맛있다.

메뉴
에스프레소 - 4천원
카푸치노 - 4천2백원
캔디팝라테 - 4천7백원
로스팅머신
기센 W25, W1
에스프레소머신
라마르조코 GB5 3GR

주소 경기 성남시 분당구 삼평동 679
전화 031-696-0305
영업시간 평일 08:00~20:30 | 주말 10:00~20:30
휴무 매주 일요일, 명절 휴무 **주차** 가능

Open Alley

오픈 앨리

멋진 공간과
담백한 커피의 만남

경기도 광주 국도변의 오픈 앨리는 준비에서 탄생까지 커피업계의 이목을 끌었다. 대규모 자본이 투입되었을 뿐만 아니라, 커피에 대한 이해도가 높은 이상훈, 박영신 공동 대표부터, 2012년 한국 컵테이스터 챔피언이자 한국의 손꼽이는 커피^{cupper} 겸 로스터인 박수현 큐 그레이더를 비롯해 김보경 바리스타 등 실력 있는 직원들, 쾌적하면서도 이국적이고 간결한 공간 배치까지. 한동안 일반 손님들보다 커피업계 지인들의 관람이 줄을 잇던 매장이다.

세련되면서도 편안하고 간결한 공간인 오픈 앨리는 합리적이고 일상적인 커피를 지향한다. 커피 외에 브런치 메뉴도 훌륭해 한국에서 손꼽히는 에그베네딕트를 맛볼 수 있다. 한국 커피의 팩토리 670과 함께 분당 근교에 브런치가 맛있는 곳으로 소문나 주말이면 인산인해를 이룬다. 특히 공간이 넓으면서도 구획 별로 정리가 잘 되어 있고, 2층까지 있는 다양한 공

간이 개성 있다. 한국인 큐 그레이더 인스트럭터인 오미란 대표와 친분도 있어 미국 SCAA CQI 관련 세미나도 수시로 개최된다.

매장은 전문적이고 화려한 인맥을 자랑하지만, 커피는 소박하다. 매장의 커피 철학은 고가의 생두보다는 로스팅과 추출에서 커피가 가진 가능성을 최대한 이끌어내는 것이다. 손님들이 편안하게 자주 찾는 매장으로 시작하여 점차 커피에 대한 지역 사회의 인식을 확대하는 데 주력하고자 하는 의도가 가슴으로 다가온다. 진정성 있는 커피를 취급하는 매장들이 공통적으로 느끼는, 자신들의 지향점과 대중과의 괴리감 사이에서 고민한 결과물인 것 같다. 물론 대부분 가성비가 좋은 커피이지만, 일부 마니아를 위한 스페셜티 커피 라인이 준비되어 있으니 매장의 바리스타에게 문의하면 색다른 개성을 맛볼 수 있을 것이다.

시그니처 메뉴는 싱글오리진 핸드드립 커피와 로켓퓨얼. 싱글오리진 커피를 케멕스^{Chemex}로 추출한다. 한동안 미국 스페셜티 커피 업계에서 광풍처럼 사용하던 케멕스를 이용해 매우 독특한 비법으로 추출하며, 그 장면이 아름다워서 개인적으로도 좋아한다. 더치커피와 에스프레소 커피에 연유가 들어간 로켓퓨얼은 카페인의 각성 효과와 함께 커피의 질감을 느낄 수 있고 열량도 적당히 보충할 수 있는 창작메뉴다. 시장기를 메우고 카페인을 보충하는 데 최고의 효과를 볼 수 있다.

커피 원두 B2B 매출도 상당해서 대규모 프랜차이즈에 오랫동안 납품을 하는 등 로스터로서 박영신 대표의 실력도 업계에서 알아준다.

싱글오리진: 단종커피라고도 호칭하며, 한 종류 혹은 한 지역의 원두로만 만든 커피를 말한다. 커피가 가지고 있는 성향과 테루아까지 노출되는 등 블렌딩 커피와는 다른 맛을 느낄 수 있다. 과거에는 국가 단위로 동일 원산지 여부를 판단했다면, 최근에는 지역 혹은 농장 단위로 영역이 좁아져 더욱 섬세한 느낌을 전달한다. 대부분은 핸드드립을 비롯한 브루잉 방식으로 추출하지만, 최근 들어 싱글오리진으로 에스프레소를 추출하는 경우도 있다.

메뉴
아메리카노 – 4천5백원
에스프레소 – 4천원
로켓퓨얼 – 7천원
로스팅머신
디드릭 12kg, 스트롱홀드
에스프레소머신
시모넬리 아우렐리아

주소 경기 광주시 오포읍 능평리 223-2
전화 070-4106-7704
영업시간 10:00~22:00
휴무 연중무휴 **주차** 가능

제로제

작은 시골 동네의 쉼터가 된
정겨운 커피 전문점

'Seerose'는 독일어로 수련이라는 뜻으로, 독일 뮌헨에 위치한 식당 이름이다. 1950년대 독일 뮌헨의 식당 이름이 지금까지도 기억되는 이유는 근대화 시대의 신여성이자 한국 최초의 독일 유학생이던 전혜린의 단골 식당이었다는 유명세 때문이다. 수학을 낙제하고도 서울대학교에 차석으로 입학할 수 있던 한국 최고의 여자 천재로 꼽히는 전혜린은 31세에 수면제 과다복용으로 요절했지만, 단 두 개의 수필집만으로도 수많은 사람을 애태웠던 광기와 천재적인 지성의 상징이었다. 전혜린의 애달픈 이야기 속에서 가장 많이 등장하던 독일 뮌헨의 단골 식당에 대한 명재석 대표의 청소년기 로망에서 커피하우스 제로제가 시작되었는지도 모른다.

빌딩 자동화를 전공으로 했고 대단위 군집 건물 자동화의 필수 인력으로 나름 미래와 노후가 보장되는 직업을 가지던 명재석 대표는 어느 날 농촌 생활을 결심하고, 그 과정으로 용문

면 덕촌리의 오래된 폐가 구 마을회관 자리를 재건축한다. 초기에는 외관을 제외하고는 붕괴 직전이었고 옆집 건강원의 창고 역할만 하던 곳이었지만, 그의 전공을 살린 재건축 과정을 통해 제로제는 덕촌리 주민들이 가장 자랑하는 문화 쉼터가 되었다. 제로제 옆에는 신설된 마을회관이 자리를 차지하고 있다.

마을 앞 시냇물이 흐르는 마을회관 자리지만, 다방조차 철수한 동네에서 제로제는 지역 문화 공간이자 식당(화덕피자가 정말 맛있다.), 다방의 역할을 소화하고 있다. 이렇게 현지인을 위한 커피하우스 공간이지만, 커피와 공간 구성, 기물 등이 서울의 도심 매장을 능가할 만큼 충실하고 넘친다.

하이엔드 에스프레소 머신인 시네소 Synesso 2구 모델이 눈에 띄고, 핸드드립용 그라인더로는 말코닉Mahlkonig 제품이 있으며, 로스팅 머신은 단맛 추출에 가장 적합하다는 디드릭Diedrich이 위용을 나타낸다. 보여주기 위한 기물이 아니라 각 머신의 지향점이 정확히 맞춰져 있다.

에스프레소 커피는 한국인들이 가장 좋아하는 강배전 커피로, 우유를 넣은 라테에 최적화되었고 핸드드립용 블렌딩은 화려한 꽃향기를 자랑한다. 창업 2년 만에 로스팅 대회에서 입상까지 한 실력을 보면, 제로제는 지역 문화 공간을 이미 뛰어넘은 것 같다. 지역 주민들의 요구와 스페셜티 커피 로스터로서의 지향점 사이에서 합리적으로 타협한 바가 보인다.

스페셜티 커피 로스터로서 좀 더 욕심이 나기는 한다지만, 가끔 경운기를 타고 먼 길을 커피 마시러 찾아오는 지역 주민을 실망시키기가 어렵다는 명 대표의 이야기가 가슴에 와 닿는다. 멀리서도 이곳까지 커피 한 잔을 마시러 찾아오는 사람들 때문에 주말에는 마을회관 앞이 주차 전쟁이라는 소문까지 있다. 추천 메뉴는 핸드드립 블렌드로, 화려한 꽃향기와 산미가 어울려서 한여름 매장 앞을 흘러가는 시냇물에 발을 담그고 아이스커피로 마신다면 정말 좋을 것 같다.

작은 시골 동네에서
한가로이 즐겨보는
커피 맛은 어떨까?

생존을 위한 선택이었다는 화덕 피자도 정말 맛있다. 방문 시 용문산 패키지까지 겸한다면, 가장으로서 가족에게 멋진 하루를 선사하는 날이 될 것 같다. 참, LP 마니아라면 이곳에서 300장 넘게 소장한 명재석 대표의 클래식 음반을 들을 수 있다.

메뉴
오늘의커피 – 6천원
아이스커피 – 7천원
에스프레소 – 3천5백원
피자 – 1만5천원~2만원
로스팅머신
디드릭 IR-5
에스프레소머신
시네소 싱크라 신형 2Group

주소 경기 양평군 용문면 덕촌리 67-2
전화 031-774-7237
영업시간 09:30~22:00
휴무 매주 일요일 휴무　**주차** 가능

Hankook Coffee

한국 커피(팩토리 670)

멋진 커피와 베이커리의 만남
커피 블록버스터

지역을 대표하는 이름을 사용하는 곳은 그에 걸맞은 역할을 하는 경우가 많다. 실제로 한국 커피는 대한민국의 커피 원두 B2B에서 커다란 영향력을 가진 업체로, 업계 내외에서 유명하다. 스페셜티 커피업계의 공룡이 테라로사라면, 한국 커피는 커피 업계 전체를 따져도 손꼽힐 만큼 대단위의 업체다. 이전까지는 대부분 납품 커피에 사용되었기에 일반 소비자들에게는 생각보다 알려지지 않았을 뿐이다.

팩토리 670은 B2B에서 B2C까지 아우르는 한국 커피가 실험적으로 선보인 매장이다. 대규모(정말 정말 대규모) 로스터리에 상당 부분을 할애한 공간인데, 이미 분당 지역에서는 소문난 커피 매장이다. 정성이 엿보이는 소품이 아주 잘 어울리며, 최고의 에스프레소 머신인 시네소 Synesso 3구가 준비되었고 케멕스 Chemex, 하리오 Hario 등의 브루잉 커피도 가능하다. 거기다 넓고 쾌적한 공간에 다양한 부대 음식까지 이어져서 마

치 커피 테마 공원을 보는 듯한 모습이다. 실제로 주말에는 방문객으로 주변이 장사진을 칠 정도다. 다만, 같은 소비자로서 아쉬운 부분은 월요일 아침 찾아간 매장 앞 잔디가 전날의 행락 인파들에게 뿌리까지 뽑힌 모습이 왠지 안쓰러웠다는 점이다.

최근 들어 한국 커피의 가장 인상적인 변화는 스페셜티 커피 로스팅이다. 과거 100 킬로그램이 넘는 초대형 로스터로 상업용 커피를 로스팅했다면, 최근의 스페셜티 커피는 이탈리아 로스팅 머신 페트론치니^{Petrocini} 모델로 정성 들여서 로스팅하고 있다. 기존의 수많은 경험이 축적된 노하우와 다양한 생두 취급 경험이 어우러져 상당한 양질의 커피를 생산해내고 있다.

옥션을 통해서 낙찰받은 COE 커피도 선보이고, 다이렉트 트레이딩을 통한 직수입 커피도 제공하는데 COE 등급의 커피만큼이나 품질이 좋다. 양질의 품질을 선보이는 이곳은 커피에 대한

이해도를 잘 보여주는 것 같다. 전반적으로 커피 메뉴가 훌륭하고, 또 의외로 베이커리가 아주 훌륭하다. 유기농, 무첨가제, 정성스러운 반죽 등 상당히 양질의 빵을 제공해 윈도우 베이커리 업체를 긴장하게 한 곳으로도 유명하다. 커피 업체이면서도 제과제빵 전문가들에게 먼저 소문이 나버린 한국 커피 팩토리 670. 충분한 노하우에 기반한 앞으로의 방향이 더욱 기대된다.

맛있는 커피와 멋진 공간에 감사하고 고맙다.

페트론치니: 에스프레소 머신의 종주국인 이탈리아 최고의 로스팅 머신이다. 스페셜티 커피 업계에서 많이 노출되는 프로밧이나 기센과 달리 보급이 드물지만, 10킬로그램 미만의 로스팅 머신 중에서는 상당한 품질을 보이고 있다. 테라로사, 커피 휘엘에서도 같은 모델을 사용하고 있다.

메뉴
핸드드립 - 5천원~9천원
에스프레소 - 4천원
아메리카노 - 5천원
카페라테 - 6천7백원
로스팅머신
프로밧, 페트론치니
에스프레소머신
시네소 히드라 3G

주소 경기 광주시 오포읍 능평리 670
전화 031-717-0071
영업시간 10:00~18:00
휴무 명절 휴무 **주차** 가능

APPENDIX 2

스페셜티 커피 in 대전

우리나라 정중앙 대전에서 즐기는 진한
커피 한 잔

Sync Coffee

싱크 커피

고객의 입맛에 맞춘 수준 높은
대전의 스페셜티 커피

톨드 어 스토리와 함께 대전의 스페셜티 커피를 상징하는 싱크 커피 로스터즈. 싱크 커피를 찾아간 이유는 톨드 바리스타들의 한결같은 추천 때문이었다. 동종 업계다보니 자연스럽게 동료애가 쌓일 수도 있지만, 톨드와 싱크는 그래도 나름 지역사회 내의 경쟁 관계인데도 너무 친하다.

싱크 커피는 일반적으로 본인의 커피 색깔을 노출하는 업계의 특성과 다르게 철저히 고객의 입장과 눈높이에 맞추고 있다. 물론 커피 본연의 향기와 본질을 잊지 않고 있으니 매장의 입장에서는 어려운 줄타기를 아주 멋지게 수행하고 있다고 할 수 있다.

외관부터 깔끔하게 꾸며놓은 싱크 커피의 입구에 들어서는 순간 노란색 디드릭 Diedrich 로스팅의 머신의 선명한 비주얼을 맞닥뜨리게 된다. 라마르조코 La Marzocco FB 모델도 차분한 분위기의 매장과 잘 어울린다. 아울러 한쪽 벽면은 커피 기물

업체이자 홈바리스타의 추출 도구인 하리오 Hario 제품과 콜라보 작업을 해서 매장이 활기를 띠는 게 느껴진다. 홈 바리스타를 양육하고 지원하는 시스템은 장기적으로 서로에게 도움이 되는 것 같다. 내부는 세련된 외국 커피숍이 생각날 정도로 간결하면서도 편안하다. 전반적인 매장 형태는 굉장히 트렌디하고 깔끔하다.

트렌디한 매장 분위기와 달리 지역 소비자들의 취향 상 산미에 대한 고민이 엿보이는데, 로스팅 포인트(배전도)를 높이는 과정에서도 커피 생두의 기본적 자질을 항상 연구하고 있으며, 가장 어렵다고 생각되는 디드릭 Diedrich 머신의 로스팅 포인트에서도 고민의 흔적과 꾸준한 데이터 축적이 엿보인다.

아메리카노는 누구나 편하게 마실 수 있는 진하고 질감 좋은 커피라 생각되지만, 식을수록 느껴지는 감칠맛과 여운이 좋아서 커피의 변화가 다양하게 느껴진다. 로스팅 포인트에 대한 고민과 데이터 축적으로 가능한 맛이 아닐까 싶다. 마치 훌륭한 요리사가 대중적인 입맛에 맞추기 위해서 약간의 MSG와 타협하듯이 말이다. 맛에 대한 개념 없이 조미료를 사용하는 것과는 천지 차이가 나는 것 같다.

일반 커피 머신보다 기본 커피 용량이 큰 라마르조코 머신에 바텀리스 바스켓을 사용해서 모든 커피가 기본 2샷이다. 라마르조코 머신과 바텀리스 바스켓의 조합은 스페셜티 커피 업체가 많이 선호하지만, 어지간한 내공 없이는 커피 추출이 산으로 갈 수 있는데, 이곳의 추출은 매우 안정적이다. 라테는 아메리카노에 들어가는 에스프레소 추출량의 70% 정도만 사용해서, 섬세하면서 밸런스 좋은 라테를 선보인다. 같은 커피로 두 개의 다른 추출을 선보이는 것이 무척 매력적이다. 아메리카노, 라테 모두 추천하고 싶다.

짧은 시간이나마 대화한 우원희 대표의 반듯함에 놀랐고, 차분한 태도도 놀랍고 꾸준한 커피

도 놀랍다. 지금도 좋고, 앞으로도 더욱 좋아질 것 같다. 톨드 어 스토리와 함께 대전 스페셜티 커피의 무게 중심을 잡아가는 싱크 커피 로스터즈의 발전이 지역 사회의 커피 문화 발전에도 큰 도움이 될 것 같다. 궁금하다면 꼭 가 보시길.

메뉴
아메리카노 – 3천8백원
라테 – 4천3백원
로스팅머신
디드릭 2.5kg, 후지로얄 디스커버리
에스프레소머신
라마르조코 FB-80

주소 대전 서구 탄방동 741 1층
전화 042-485-2001
영업시간 10:00~24:00 | 주말 12:00~24:00
휴무 연중무휴　**주차** 가능

Told a story

톨드 어 스토리

대전 스페셜티 커피의 원조

톨드 어 스토리를 두 번째 방문하기 위해서 기차를 타고 내려가는 중이었다. 이른 일정에 피곤했는지, 기차를 타고나서 잠이 들었다가, 어느 순간 선잠을 깼는데, 이상하게 그 순간이 나른하게 기분이 좋았다. 잠깐이나마 커피에 대한 꿈을 꾸었던 것 같다. 아마 무의식 속에서도 이날의 일정에 대해 설레는 마음을 가졌기 때문인지 모르겠다. 매장을 찾아가면서도 커피 꿈을 꾸고 있으니 얼마나 오버인지….

대전의 스페셜티 커피를 상징하는 톨드 어 스토리는 화려한 라인업의 커피만큼이나, 독특한 이름으로 많이 알려졌다. 조카의 어린이 영어책에서 무심코 따온 이름이 이렇게 많은 화제가 될 줄은 김건표 톨드 어 스토리 대표도 미처 몰랐다고 한다.

주택가에 있는 매장 외부는 너무 평범하고 간판도 아담해서 초행인 사람은 찾기가 어려울 정도다. 지리적으로 한국의 중심인, 대전에 오는 바리스타는 반드시 찾아온다는 톨드 어 스

토리인데 너무 조용해서 살짝 놀랄 정도였다.

그러나 매장 내부에 들어서는 순간 좋은 커피를 취급하는 곳의 공통점, 바로 밝은 표정의 직원과 다양한 커피 원두, 열심히 활동하는 듯한 머신이 반겨준다. 한국에서 보기 어려운 노란색 라마르조코 리네아 La Marzocco Linea 튜닝 모델이 비치되었고, 라테용 블렌딩과 아메리카노용 블렌딩이 걸려 있는 그라인더가 눈에 들어온다. 라테용 블렌딩은 고릴라, 아메리카노용 블렌딩은 라이온킹이다.

첫 번째 커피는 최종흠 바리스타의 추천대로 라이온킹 에스프레소싱글샷이었다. 폭발적인 산미와 아프리카 커피의 열대 과일 향이 작은 데미타세 한 잔에 완전히 응축되어 있는 것 같다. 케냐와 브룬디 COE 커피의 블렌딩이다. 아마 블렌딩에 사용되는 커피 중에는 최고가 원두의 구성이 아닐까 싶다. 블렌딩을 중요시한다는 톨드의 철학이 엿보이는 것 같다.

대전 지역에서는 로스팅 납품도 많은데, 로스팅 머신은 미국 내수용으로 생산된 독일 메이커 프로밧번 Probat Burns 모델과 일본 후지로얄 제품이다.

아름다운 커피에 마음이 열려서인지, 이날은 김건표 톨드 어 스토리 대표와 커피, 문화, 시국에 대한 이야기까지 나누었다. 소울이 통하는 사람과의 대화는 시간가는 줄 모르는 것 같다. 결국은 에스프레소, 아메리카노, 마지막으로 비장의 신무기 대추차까지 마셨는데, 태어나서 이렇게 진한 대추차는 처음이었다. 겨울철이라면, 커피만큼이나 추천하고 싶다.

떠나기 전 아쉬운 마음에 마지막으로 핸드드립 커피 한 잔을 마셨다. 케냐 기추아니 싱글 핸드드립. 넉넉한 포즈의 핸드드립 커피가 동네 여사님들에게 인기라던데, 이유를 알 수 있을 것 같다. 안정적인 포즈와 뒤쪽에 산더미처럼 모아둔, 섬세한 커피잔들이 참 대조된다.

추천 메뉴는 고릴라블렌딩라테와 라이온킹아메리카노. 싱글 핸드드립은 시즌에 따라서 꾸준

대전에선 내가 원조다.
조용한 분위기의 톨드 어 스토리.

히 바뀌는데, COE 커피 핸드드립도 5천 원이다. 대전이라 물가가 저렴한 건지, 톨드라서 이 가격이 가능한 건지는 정말 의문이다. 톨드(또는 싱크) 커피와 성심당, 광천식당 코스를 이용한다면, 하루가 정말 알차게 느껴질 수 있다.

메뉴
에스프레소 – 3천원
핸드드립커피 – 4천5백원
라테 – 4천원
대추차 – 5천원
로스팅머신
프로밧, 후지로얄, 이지스터
에스프레소머신
라마르조코 리네아

주소 대전 유성구 어은동 104-1
전화 042-867-2335
영업시간 10:00~22:00
휴무 매주 토요일, 일요일 휴무 **주차** 불가

APPENDIX 3

스페셜티 커피 in 경상도

볼거리 가득한 경상도로 커피 여행을
떠나보는 건 어떨까

Coffee Place

커피 플레이스

최고의 지역 거점
스페셜티 커피 매장

작년 봄이었다. 왠지 모를 상념에 결국은 밤을 새웠고, 동이 트기 전 무작정 기차를 타고 떠났다. 다행히 경부선이었고, 대구를 거쳐 목적지는 경주가 되고 말았다. 갑작스러운 감정이 휩쓸고 나서 커피 생각이 간절해져 찾아간 곳은 경주의 자그마한 커피 전문점 커피 플레이스였다.

커피 플레이스 정동욱 대표를 알게 된 것은 우연히 블로그를 통해서였다. 커피에 대한 열정과 사람을 생각하는 따뜻한 마음 때문에 커피를 좋아하는 사람들 사이에서 많이 회람되는 블로그였다. 커피에 대한 진지함, 정확한 데이터를 기본으로 한 추출 이론까지, 그는 블로그계의 전설이자 초등학교 교사인 이상선 씨와 함께 가장 유명한 블로거였다. 개인적으로는 정동욱 대표의 창업 초심과 커피를 통해서 발현되는 그 진정성이 너무 궁금했다.

긴 시간 여행을 거쳐 도착한 경주는 이미 봄이었다. 서울과

달리 따뜻한 햇볕 탓인지, 경주역에서 커피 플레이스까지 걸어가는 길에서부터 활기찬 분위기가 느껴졌다. 새벽 기차를 탔지만, 완행열차에 환승까지 한 후 도착한 경주는 이미 점심 시간, 즉 카페의 러시 타임이었다. 조금 과장일 수도 있지만, 당시의 분위기는 외부인이 보기에도 분명히 일반적인 매장의 활기를 넘어서 입구에서부터 지역 주민들이 완전히 흡수되는 듯한 모습이었다. 간신히 비집고 들어선 매장은 그다지 넓지 않았지만, 주인이 정성 들여 목공을 한 흔적이 나타나는 편안하고 아늑한 분위기였다.

주문을 위해 메뉴를 찾아보니 에스프레소 추출에는 블렌딩과 싱글오리진 에스프레소가 공동으로 비치되어 있었다. 바쁜 시간임에도 핸드드립도 가능하다고 바리스타는 말했지만, 뒤에서 한참을 기다리는 다른 사람들을 위해서 싱글오리진 에스프레소를 부탁했다. 가격은 3천 원, 비싼 가격대인 케냐 커피인지라 3천 원이라는 가격이 미안했다.

결과는 대박. 기본적으로 추출이 어려운 케냐 커피 원두의 에스프레소와 그라인더 세팅이 정확해 보였다. 리스트레토^{Ristretto} 샷으로 뽑은 에스프레소의 상큼한 산미가 폭발적으로 일어난 후에 강인함과 달콤한 마무리 그리고 부드러운 애프터로 자연스럽게 이어졌다.

결국, 분주한 시간을 마치고 나서는 정동욱 대표의 커피 이야기에서 인생 이야기로 이어지는 담화가 한참 이어졌다. 넉넉하지 않은 가정에서 자랐지만, 아름다운 부인과 결혼 후 커피를 더욱 사랑하게 되었고 용기를 얻어 매장을 오픈한 후 지역 주민들이 사랑하는 매장으로 거듭난 과정이 듣는 이에게도 긍정의 힘이 되는 것 같았다.

매장은 진정성 있고 따뜻한 주인의 마음이 커피에 녹아나는 것 같은 느낌이다. 커피에 대한 접근도 좋고, 지역 주민들과 교감하며, 때로는 화두가 되는 높은 수준의 커피도 과감히 선택한다. 지역 주민들 역시 매장의 커피 선택을 믿고 따라주는 분위기다. 양질의 스페셜티 커피와 함

주인이 직접 정성 들여 목공을 한
편안하고 아늑한 곳에서
커피 한 잔을.

께 지역 주민과 밀착되어 있다는 점에서 한국 최고의 지역 거점 커피 매장으로 손꼽고 싶다.

추천 메뉴는 모든 커피 메뉴와 산지 직송 과일로 만든 주스다. 이곳에서 마셔본 생딸기주스는 평생 마셔온 것들과는 비교할 수 없는 맛의 딸기주스였다. 그래서 딸기주스가 맛있는 커피 매장으로도 소문이 나기도 했는데, 커피에 대한 정동욱 대표의 애정에 비추어 보면 서운할 수도 있겠다. 에스프레소 계열과 핸드드립 커피, 모두 멋지다.

메뉴
핸드드립커피, 생과일주스 - 각 4천원
아메리카노 - 3천원
카푸치노 - 3천5백원
로스팅머신
태환 3kg, 트라니아
에스프레소머신
시모넬리 아피아, 베제라줄리아

주소 경상북도 경주시 노동동 43-1
전화 070-4046-2573
영업시간 10:30~22:00
휴무 매주 일요일 휴무　**주차** 불가

모모스

부산 스페셜티 커피의 메카

모모스 커피를 이야기하기에 앞서 'BUS'라는 애칭을 가지고 있는 부산 스페셜티 커피 공동체에 대해 간단히 소개를 해보겠다. BUS는 부산 지역 커피인의 자원봉사(한 달에 한 번 진행되는 무료 커피봉사)에서 시작된 친목 모임이 성장한, 진정성 있는 스페셜티 커피인들의 자발적 커피 연대라 할 수 있다. 이후 발전을 거듭, 커피 학습과 보급 등에서 한국 최고의 시너지를 이루고 있다. 앞서거니 뒤서거니 하면서 서로 돕고 밀어주고 끌어주는 부산 스페셜티 커피 공동체의 특징은 소비자와 생산자를 자연스럽게 이끌어 준다는 것이다.

배타적이지 않으면서도 자발적인 이런 공동체는 지역 사회에서도 많이 회자되고 실제로도 전 세계의 스페셜티 커피 업계에서 가장 긍정적인 모습을 보여줌으로써 연구 사례로도 주목받고 있다. 이렇듯 부산의 스페셜티 커피 업계의 눈부신 발전이 이뤄졌으며, 이제는 도리어 서울의 커피 업체에게도 긍정

적인 자극을 주는 것 같다. 공동체의 형성은 특정 업체의 공로가 아닌, 모든 구성원의 동참과 각자의 맡은 역할 덕택이기도 하지만, 시작의 동력을 제공한 모모스의 지식 공유에 대한 언급은 필요한 것 같다.

부산 외곽인 온천장역 주변에 위치한 모모스는 한정식집을 개조한 탓인지, 일반 커피 매장의 시크함보다는 편안하고 안정감을 주는 외관이다. 건물 내부에는 자그마한 정원도 있어서 과거 식당의 운치가 느껴지기도 한다. 정원을 거쳐 매장에 들어가면, 환하고 정갈한 분위기와 민첩한 직원들의 움직임으로 고급 백화점의 식품 코너에 들어선 것 같은 착각이 든다.

모모스에서는 부산뿐만 아니라 한국에서도 손꼽히는 실력을 자랑하는 직원이 다양한 커피를 전문적으로 추출하고 있다. 모모스 소속의 전주연 바리스타는 한국 국가대표 선발전에서 2회 연속 준우승을 차지했고, 한국 큐 그레이더 0세대인 이현기 대표의 영향으로 가장 많은 인원의 큐 그레이더가 근무하는 매장이기도 하다.

매장은 에스프레소 바와 브루잉 바로 나뉘는데, 에스프레소 지역은 라심발리 La Cimbali 최고급 모델인 M100의 안정적인 추출로 프루티봉봉과 에스쇼콜라 블렌딩을 추출한다. 프루티봉봉은 청량감과 산미가 좋은 커피 블렌딩이고, 에스쇼콜라는 초콜릿과 같은 질감의 전통적인 커피 스타일 블렌딩으로, 우유를 넣은 커피의 베이스에도 널리 사용한다. 브루잉은 하리오 Hario 핸드드립으로 제공해주며, 최근에는 트라이펙타 Trifecta 라는 하이엔드 브루잉 머신을 한국 최초로 비치했다. 이와 더불어 브루잉의 정석 프렌치프레스 추출도 가능하다. 리브레와 함께 가장 많은 스페셜티 커피 원두가 준비된 모모스의 원두 라인업이다.

독채 건물이 넓은 편이며, 매장 전체에 많은 좌석이 구석구석 있어 데이트하는 젊은이와 가족 단위 방문객도 많다. 특히 베이커리 분야는 빵과 케이크를 비롯한 제품이 양도 많고 품질이 우수

부산 커피인의 자원봉사로부터 시작되어
성장한 진정성 있는 커피 연대.
진정성 있는 커피를 만나보고 싶다면
모모스로 발길을 향하는 건 어떨까?

◆이제는 찾기 어려운 적산가옥 형태의 외관과 청단 기물. 베이커리의 어울림이 색다르다.

하다. 동경제과학교 출신의 파티시에가 제과제빵의 생산 및 관리를 꼼꼼히 하고 있다.

로스팅 머신은 프로밧^{Probat} L25모델을 사용하며, 향미가 좋은 커피 로스팅에 방향성이 맞춰져 있다. 모모스는 자체 아카데미 출신 창업매장이 많아 다양한 생두 수입과 원두 유통을 병행하고 있다. 이현기 대표는 꾸준한 산지 방문과 COE 심판관 활동으로 해외 출장이 많음에도 직원의 팀워크가 아주 우수해서 매장의 품질 유지가 잘 되고 있다. 바리스타들에게는 부산 지역을 방문할 때 반드시 방문하는 곳으로 유명하지만, 최근에는 부산 시민 사이에서 지역의 자랑거리인 향토기업으로 거듭나는 것 같다.

참고로 모모스를 비롯한 부산의 스페셜티 커피 업체들은 매장의 모든 커피를 스페셜티 커피 등급 혹은 레어스페셜티(COE, Geisha) 등급으로 손님에게 합리적인 가격으로 제공하고 있다. 원가와 산미에 대한 부담감 때문에 대중이 어려워하는 스페셜티 커피를 성공적으로 잘 안착시킨 부산 커피 공동체의 성과에 애호가로서 감사의 마음을 표명하고 싶다.

메뉴
산지별커피 – 4천5백원
에스프레소 – 4천원
카페라테 – 4천5백원
캐러멜마키아토 – 5천원
로스팅머신
프로밧 L25
에스프레소머신
라심발리 M100

주소 부산 금정구 부곡4동 873-3
전화 042-4134-7034
영업시간 08:00~23:30
휴무 연중무휴　**주차** 가능

Black up

블랙 업

활기차고 역동적인 분위기의
스페셜티 커피 전문점

부산 시민에게 서면이라는 지역은 특별하다. 지금은 해운대가 좀 더 고급스러운 분위기가 되었지만, 그래도 부산 시민의 서면에 대한 애정은 여전한 것 같다. 서울 사람이 어린 시절 명동에 대한 추억을 못 잊듯이 말이다. 비슷한 분위기의 명동과 서면이지만, 서울의 명동은 획일화된 대형 프랜차이즈 커피전문점의 메카가 되었다면, 부산의 서면에는 가장 큰 대형 매장인 블랙 업 커피가 스페셜티 커피를 열정적으로 만들어 내고 있다. 서울 시민으로 부러운 바가 많은데, 이렇게 역동적인 모습이 부산을 스페셜티 커피의 도시, 한국의 시애틀로 만들고 있는 것 같다. 블랙 업 커피는 스페셜티 커피의 품질뿐만 아니라 직원과 매장 분위기가 활기차서 주요 방문객인 젊은이들로 입추의 여지가 없는 매장으로도 유명하다.

매장 1층은 별도의 로스팅 공간과 테이크아웃 전용 커피 바 Bar(에스프레소 전용)가 있고, 2층에 2개의 에스프레소 바와 1

개의 브루잉 전용 바가 있다. 블랙 업 커피는 다른 곳과 달리 라마르조코 리네아 La Marzocco Linea 패들 에스프레소 머신이 세팅된 에스프레소 바와 라마르조코 스트라다 La Marzocco Strada 모델이 세팅된 에스프레소 바를 별도로 운영하며, 소비자들의 기호에 따라서 다른 에스프레소 추출을 시도하고 있다. 머신이 지향하는 점의 차이도 있지만, 당일 바리스타의 추출 성향에 따라서 같은 커피를 가지고서도 다른 추출이 나타나기도 한다.

부산여대 호텔바리스타 학과 겸임교수인 김명식 블랙 업 대표의 표현을 빌리자면, 블랙 업 커피는 바리스타의 다양한 추출의 가능성을 인정하면서, 손님에게는 새로운 커피를 체험시키는 것이 지향점이라고 한다. 거기다 네로쥬시(산미있는 개성적인 특징), 네로(초콜릿과 같은 질감과 단맛)의 기본 2가지 블렌딩 외에 날마다 싱글오리진, 레어스페셜티(COE, 게샤와 같은 고가원두) 등급을 준비하는 등 에스프레소 바에서 4가지의 에스프레소와 아메리카노를 맛볼 수 있다. 라테 등의 밀크 베리에이션은 블렌딩 원두로 제공한다.

브루잉 바에는 에스프로프레스, 에어로프레소, 하리오 Hario 핸드드립 추출이 가능하며, 경우에 따라서는 한국에 2대밖에 없다는 라마르조코 샷브루어 Shot Brewer 도 가능하다. 개인적으로 라마르조코 샷브루어의 추출이 가장 궁금하다. 안타깝게도 방문한 날이 세팅이 진행되던 날이어서 다음 기회를 노려봐야겠다.

커피 이외의 메뉴는 에이드 계열의 음료가 주문이 많고, 매장에 전문 파티시에가 근무 중이라 전반적인 케이크의 수준이 높고 질적으로 만족도가 높다.

2층부터 4층(옥상)까지 좌석이 있지만, 러시 타임에는 꼭대기 층에도 앉을 곳이 없을 때도 많다. 매장 구성이 멋지면서 방문객도 젊고, 직원도 활기차서 젊음의 열기를 흠뻑 느낄 수 있다. 모모스와 마찬가지로 아카데미 시스템이 잘 정착했는데, 바로 옆 건물에 아카데미가 있어서 매장

의 활기찬 분위기가 자연스럽게 전염되는 것 같다.

개인적으로 가장 인상적이었던 커피는 입안 가득 화사한 봄기운을 느끼게 해주던 네로쥬시에스프레소였다. 입안에 가득 차는 꽃향기와 산미가 봄을 재촉하는 매화꽃을 연상케 하는 에스프레소였다.

커피 한잔의 여운을 즐기고, 매장을 나서는 길에 우연히 창가에 있는 그라인더 위 커피 보관함에 햇빛 차단막이 쳐 있는 것을 발견했다. 사소하지만, 한나절의 직사광선이라도 커피 원두를 손상시킨다. 별것 아닐 수 있지만, 이렇게 커피를 아끼는 매장이라면 다음 번에도 맛있는 커피를 마실 수 있겠다는 믿음이 생긴다.

메뉴
에스프레소 – 4천5백원
브루잉커피 – 6천원
아메리카노 – 4천3백원
에이드 – 6천원
로스팅머신
기센, 프로밧
에스프레소머신
라마르조코 리네아, 라마르조코 스트라다

주소 부산 부산진구 부전2동 168-152
전화 051-944-4952
영업시간
월~목, 일요일 08:00~23:00 | 금, 토 08:00~24:00
휴무 연중무휴 **주차** 불가

Awake

어웨이크

바리스타의
뜨거운 열정을 닮은 커피

개인적으로 한국 최고의 에스프레소 추출 바리스타를 꼽으라면, 일 초의 고민도 없이 부산대학 앞의 커피 어웨이크 김지용 바리스타를 추천하겠다. 김지용 바리스타를 만나게 된 것은 부산의 커피 공동체 'BUS'를 만나기 위해 내려갔을 때였다. 원래 취지는 모모스와 커사남, 블랙 업 같은 소문난 매장을 방문하기 위해서였는데, 그 와중에 김지용 바리스타가 추출한 커피를 마셔보라는 추천을 받았다.

비록 WBC나 KBC 같은 바리스타 대회에는 나타나지 않지만, 지역 사회가 인정하는 김지용 바리스타와의 인연은 그렇게 시작됐다. 김지용 바리스타로 말하자면, 카페라테와 아메리카노를 구별 못 하는 손님이 찾아와서 커피를 주문한다 해도 (커피 이름이 생각보다 복잡해서 실제로 많이 헷갈린다.) 한 잔의 샷을 뽑기 위해 눈에서 레이저가 나오는 것을 목격할 수 있을 것이다.

실제로 매장에서 잠시라도 김지용 바리스타의 추출 모습을 본다면 이 말의 의미를 절실히 이해할 것이다. 시합에서는 최선을 다하지만, 현장에서는 조금 쉬엄쉬엄 근무하는 극히 일부 바리스타들과는 상당한 차이를 보인다. 어떤 이들은 일상의 추출에 체력을 소모하는 것은 오버라는 지적을 하기도 하지만, 항상 잔 부상을 달고 사는 김지용 바리스타의 커피 추출 모습은 손님으로서 진정으로 감탄스럽다.

나이가 젊음에도 현장 경험이 많아서 부산에서 김지용 바리스타의 인맥은 상당하다. 온화하고 조용한 성격이지만, 커피에 대한 열정과 타인을 존중하는 성격으로 커피 업계에서는 대단한 마당발 역할을 하고 있다. 실제로 김지용 바리스타의 매장인 커피 어웨이크는 부산의 유명한 로스터리 커사남과의 콜라보 매장임에도, 어웨이크의 이름으로 꽤 많은 커피가 납품되고 있다. 서울의 이태원 원더 커피와 삼성동 세도나에서도 만나본 적이 있다.

커피 템플과 리브레, 엘 카페와 홀드 미의 관계처럼 어웨이크는 부산 스페셜티 커피의 한 축인 커피가 사랑한 남자(커사남)와의 공동 작업으로 시작했다. 커사남에서 어웨이크의 커피를 로스팅하고 있는데, 어웨이큰이라는 리미티드 블렌딩 커피 외에도 다양한 단종 커피가 어웨이크 라벨을 달고 있다. 블렌딩은 어웨이크 전용이며, 원두도 경우에 따라서는 어웨이크 전용으로 품종을 달리해서 작업한다고 한다. 어웨이큰 블렌딩은 상큼하고 발랄하고 달콤하다.

작고 아담한 매장이지만, 부산대 학생들이 자리를 꽉 채우고 있고, 신뢰감을 주는 로스터리와 추출 매장의 실력을 느낄 수 있다. 시그니처 메뉴는 에스프레소. 그리고 색다른 맛의 더치커피도

좋다. 다른 매장과 달리 상온에서 4시간 내외의 추출을 한 것이라 커피의 본질적 성향도 잘 느껴진다.

메뉴
에스프레소 – 4천원
플랫화이트 – 4천5백원
롱블랙 – 4천원
로스팅
협력외부 로스터리
에스프레소머신
라마르조코 리네아

주소 부산 금정구 장전동 425-2
전화 051-517-5721
영업시간
월~토 10:00~22:00 | 일요일, 공휴일 11:00~22:00
휴무 연중무휴　**주차** 불가

FM Coffee House

에프엠 커피 하우스

아늑하고 편안한 분위기에서 즐기는
커피 한 잔의 여유

에프엠 커피는 로스팅이 안정적이며, 기센 Giesen과 프로밧 Probat 로스팅 머신의 특징에 대한 이해도가 높아서 향미 좋고 밸런스 좋은 커피를 꾸준히 만들어낸다는 평가를 받는다.

매장은 테이블 좌석이 20석이 채 되지 않는 작은 공간이다. 로스팅 공간이 별도로 분리되어 넉넉지 않은 공간이지만, 들어서는 순간 아늑하고 편안한 느낌이 든다. 에스프레소 머신은 라마르조코 La Marzocco FB 모델이며, 추구하는 로스팅과 커피 추출 방법이 밸런스를 잘 이루고 있다.

약배전과 강배전 두 가지 종류의 블렌딩이 있으며, 손님의 취향에 따라서 주문이 가능하다. 약배전은 아메리카노, 강배전은 라테 등의 밀크 베리에이션에 사용하고, 아이스아메리카노에 한해서는 강배전 에스프레소를 칵테일 셰이커로 셰이킹 해서 서비스되고 있다. 강배전 커피가 아이스 셰이킹으로 인해서 부드러워지고 단맛이 배가되는데, 흑맥주 기네스가 연상

되는 맛이다. 여름철에는 주문이 많아서 바리스타들이 셰이킹으로 어깨가 빠질 만큼 힘들어하는데, 한 잔의 맛있는 커피에 숨어 있는 바리스타의 애환에 미안한 마음이 든다.

브루잉은 보통 하리오^{Hario}로 추출하는데, 에프엠 커피 하우스에서는 약배전으로 로스팅된 싱글오리진 커피의 경우, 에스프레소 추출이 가능하다. 그래서 다양한 커피 원두를 에스프레소 혹은 아메리카노로 마셔볼 수 있는데, 이렇게 다양한 추출은 EK 그라인더가 확산이 되면서 가능해지기는 했지만, 실제 적용은 서울의 엘 카페 이후 두 번째로 목격하는 것 같다. 손님에게 다양한 싱글오리진 커피를 에스프레소와 아메리카노 추출로 제공할 수 있다는 의미도 크고, EK그라인더 특유의 추출 특징을 눈여겨보아도 좋을 것이다.

커피 이외의 음료로는 생딸기주스가 있다. 경주 커피 플레이스의 딸기주스에 감명을 받아서 시도했다고 하는데, 커피 플레이스의 딸기주스와 비슷하면서도 다른 뉘앙스를 느낄 수 있다. 두 곳 모두 좋은 재료를 아낌없이 사용했다. 이날 마셨던 베리 계열의 에티오피아 콩가^{Konga} 에스프레소, 아메리카노 커피와 딸기 초콜릿을 곁들인 딸기주스로 이어지는 코스는 파인 다이닝 레스토랑의 봄맞이 베리베리 패키지를 연상시키는 멋진 향연이었다. 정형화된 코스는 아니지만, 매장에서 시도하는 계절 메뉴 구성인데, 시즌에 맞춰 방문할 예정이라면 한 번 시도해보기를 추천한다.

오랜 시간 숙련된 경험의 로스터와 바리스타의 커피에 대한 이해도가 높아 전문가들이 자주 방문하는 곳이지만, 매장 구성을 편안하게 해서 안락하게 담소를 나누기에도 좋다. 울산 빈스톡 커피의 영향을 받아 시작한 강무성 대표의 커피 인생이 스페셜티 커피에 대한 애정으로 확산되었고 이러한 그의 도전 정신이 직원들에게 영감을 주는 것 같다. 품질을 담당하는 이육림 바리스타의 커피 이해도가 높고, 2012년 한국 컵테이스팅 파이널리스트인 신수민 바리스타도 근무하

상큼한 딸기주스와
달콤한 초콜릿의 조화

고 있다. 화려한 경력에도 불구하고 직원들 모두 겸손하고 친절하다. 바리스타의 추천 커피만으로도 후회 없는 선택이 가능할 것 같다.

메뉴
에스프레소 – 3천원
아메리카노 – 3천5백원
카페라테 – 4천1백원
싱글아메리카노, 브루잉커피 – 각 4천원
딸기주스 – 5천5백원
딸기봉봉초콜릿 – 2천원
로스팅머신
프로밧 P12
에스프레소머신
라마르조코 FB

주소 부산 부산진구 전포동 685-11
전화 051-803-0926
영업시간 10:00~23:00
휴무 명절 당일 휴무 **주차** 불가

In Earth

인 얼스 커피

스페셜티 커피와
베이커리의 앙상블

부산의 스페셜티 커피의 현장은 굉장히 재미있다. 시장을 선점하는 업체도 기득권에 집착하지 않으면서 후발주자를 포용하고, 후발주자 역시 선발주자와의 헛된 경쟁구도에 몰입하지 않고 다채로운 색깔을 내며, 각자의 지역거점에서 최선을 다해 소비자와 호흡을 하고 있으니 부산 전체의 커피 수준이 업그레이드되는 모습이 생생하게 그려진다.

인 얼스 커피는 송정의 지역거점 업체로, 양질의 스페셜티 커피를 생산하면서도 제과제빵을 병행하여 대규모의 매장을 잘 유지해나가고 있다. 특히 2013년 여름 CNN 부산 특집편에서 부산의 스페셜티 커피 열풍과 함께 인 얼스 커피 매장이 방송되서 화제가 되었는데, 당시 방송분은 약 6개월 이상 전 세계에 방송되었다. 개인적으로는 당시 CNN 방송을 인도 델리에서 우연히 보았는데, 이국 땅에서 한국의 소식을 보고 있으니 왠지 가슴이 뿌듯해졌다.

매장은 송정 바닷가 옆 대로변에 있으며, 옆에 커피 아카데미가 나란히 있어 더욱 규모가 커 보인다. 내부에 베이커리가 있는 것은 부산 스페셜티 커피 전문점의 특징적인 모습이기도 한데, 인 얼스 커피의 베이커리는 매장의 매출에서 차지하는 부분이 상당하다. 프로밧 Probat 로스터로 추출한 향미 좋은 커피를 추구하는 매장의 특성상 초기에는 손님들에게 스페셜티 커피의 품질을 알리기에 고전한 흔적도 있지만, 훌륭한 품질의 빵을 비롯한 베이커리가 인기를 끌면서 자연스럽게 손님들과의 접점이 이뤄진 것 같다.

1층은 베이커리와 커피 바Bar로 구성되었으며, 에스프레소 머신은 라심발리 La Cimbali 의 안정적인 추출로, 대형 매장의 특징인 바리스타별 편차 방지에 최적화되게 세팅되었다. 베이커리는 양과 질에서 우수한 편인데, 다른 스페셜티 커피와 달리 디저트 위주의 파티세리보다는 불량제리와 베이커리 형태의 빵들이 많아서 손님이 빵을 구입하기 위해 방문하는 경우도 많다. 매장의 대표 커피인 아메리카노는 대표 베이커리인 블루베리식빵과 마리아주가 좋도록 단맛과 질감에 맞춰져 있다. 전문가들을 위한 다양한 향미의 커피도 찾아볼 수 있는데, 파나마 에스메랄다 게샤 커피가 매대에 비치되기도 한다. 생두 가격이 커머셜 커피의 30배가 넘는 에스메랄다 농장의 게샤커피 핸드드립은 최소한의 마진으로 판매되고 있다. 아메리카노를 비롯한 메뉴는 4천 원대의 가격인데, 송정 해변의 물가를 비교했을 때 품질 대비 저렴한 가격이다.

스페셜티 커피 업체지만, 대중과의 교감을 중시하는 인 얼스 커피. 송정 최고의 지역 거점 커피 업체로 거듭난 데에는 대표의 사업적 결단만큼 커피에 대한 열정과 애정이 뒷받침되었기에 가능했다고 생각한다. 마지막으로 매장이 지향하는 바에 대한 서천우 커피팀장의 대답은 인 얼스 커피는 친절한 커피를 추구한다는 것이었다. 우문에 현답을 얻은 덕택에 한국 스페셜티 커피의 내일이 더욱 밝아지리라 생각한다. 맛있으면서도 친절한 커피, 의외로 발견하기 어렵다.

그리고 윤화영 셰프의 부산 최고의 파인 다이닝 프렌치 레스토랑 '메르씨엘'의 식사코스에서도 인 얼스 커피를 만날 수 있게 되었다. 대부분의 파인 다이닝 레스토랑이 식사의 마리아주로 와인에만 관심을 두는데, 최근 세계적인 레스토랑에서는 식사와 어울리는 스페셜티 커피를 적용하기 시작하고 있다. 메르씨엘에서 이루어질 한국 최초의 파인 다이닝과 스페셜티 커피의 조합이 궁금하다.

메뉴
아메리카노 - 4천원
레몬티, 에스프레소 - 각 4천5백원
푸어오버커피 - 4천원~1만2천원
굿모닝세트1(아메리카노+엘렌/앙팡) - 5천원
로스팅머신
프로밧
에스프레소머신
라심발리 M39, 로사트론

주소 부산 해운대구 송정동 438-10
전화 051-703-7666
영업시간 09:00~24:00
휴무 연중무휴 **주차** 가능

―― Coffee Loves Him ――

커피가 사랑한 남자

진정성 있는 정직한
부산의 스페셜티 커피

커피 매장 '커피가 사랑한 남자'는 호기 있어 보이는 산문체의 긴 이름 때문에 유명세가 생겼다는 의견도 있지만, 실제로는 모모스, 블랙 업과 함께 초기 부산의 3대 스페셜티 커피 매장으로 전문가들 사이에 유명한 곳이다. 다만, 매장은 유명세에 비하면 그렇게 크지 않은 규모다. 최근에는 커피 납품 비율이 더 많아져서 3층 매장은 사무실로 전환했고 1층의 로스팅 공간과 2층의 좌석으로 이뤄져 있다. 다른 커피 매장에서도 믿고 찾는 커사남의 커피 원두 납품 비율은 현재 전체 물량의 70%에 이를 정도로 확대되었다.

매장 입구 1층에는 로스팅 룸과 에스프레소 바^{Bar}, 브루잉 바가 같이 있다. 과거에는 로스팅 시설이 매장 내부에 자연스럽게 융합이 되었지만, 최근 식약청 규정이 바뀐 관계로 이제는 생산 시설인 로스팅 공간이 커피 매장과는 유리 칸막이를 통해 완벽하게 구분이 되는 공간으로 바뀌었다.

커피가 사랑한 남자의 브루잉 커피.

커피가 사랑하는 남자가
만들어 내는 브루잉 커피 한 잔을 느껴보자.

대부분의 좌석은 2층에 마련되어 있으며, 햇볕이 잘 드는 2층 창가의 공간은 부산대 학생들이 일찍부터 자리를 차지하려고 쟁탈전이 벌어진다. 학생들이 많은 공간이라 개별 좌석이 많고 세미나 룸까지 있어서 활용이 다양하다.

에스프레소는 두 가지 블렌딩(러블리, 밀크스타)과 한 종류 정도의 싱글오리진 에스프레소 추출이 가능하며, 브루잉커피는 매장의 모든 싱글오리진 원두를 하리오^{Hario} 추출과 프렌치프레스 추출로 주문할 수 있다.

러블리 블렌딩의 경우, 원두 개성이 좋아서 아메리카노를 권장하며, 밀크스타는 바디감과 촉감, 단맛이 좋아서 우유와의 궁합을 예상해 라테 등과 잘 어울리게 블렌딩 및 로스팅 되어 있다. 블렌딩 원두는 주문 시 손님의 요청에 따라 바꾸는 것도 가능하다.

브루잉 바의 싱글오리진 커피는 커사남의 다양한 원두를 모두 사용할 수 있는데, 시즌 물량에 따라서 재고 여부가 변동 되는 커피라 수시로 메뉴가 바뀐다. 싱글오리진 커피가 자주 바뀌는 이유는 소량 다품종으로 생산되는 고가 커피인 스페셜티 커피의 부득이한 특징이다. 블렌딩은 비슷한 뉘앙스를 유지할 수 있지만, 다양한 싱글오리진의 원두 구성은 어찌 보면 매장의 장점이기도 하다.

커사남 브루잉 메뉴 중 인상적인 것은 스페셜티 커피의 정석인 프렌치프레스 추출이다. 가장 편하고 무난한 추출이지만, 커피 원두의 성향을 가장 정직하게 나타내는 프렌치프레스를 커사남의 독특한 레시피를 통해서 매끈하게 추출한다. 일반적인 프렌치프레스 추출은 약간의 미분이 동반되기에 깔끔한 맛을 좋아하는 소비자들에게는 부담스럽기도 한데, 커사남의 독자적인 추출법은 깔끔하고 우아하게 스페셜티 커피의 장점을 부담 없이 즐길 수 있다. 개인적으로 가장 인상적인 프렌치프레스 추출이었다.

로스팅 머신은 프로밧 ^{Probat} P12 모델로, 향미있는 커피 로스팅에 적합하고 에스프레소 머신은 라마르조코 $^{La\ Marzocco}$ GB5로, 깊고 풍부한 에스프레소 추출에 적합하다. 매장 내부의 커피는 대부분 4천 원 미만의 저렴한 가격이며, 커사남의 더치커피는 생산량이 그리 많지 않아서 명절 전에는 미리 예약해야 한다. 다른 더치커피에 비해서 추출 시간이 길지 않아서 오일리한 질감이 아니라 입안에서 촉감과 향미가 좀 더 자연스럽다.

커피인 사이에서 진정성 있는 매장으로 많이 알려진 커사남. 최근에는 주차장 한쪽을 포기하고 항온항습이 되는 생두 창고를 만들었다는 소식을 들었다. 투자비도 그렇지만, 즉각적이지 않은 결과를 위해서 결단하는 정범석 커사남 대표의 노력하는 모습이 오랫동안 여운으로 남는다.

메뉴
브루잉커피 – 5천원
에스프레소 – 4천원
더치라테 – 5천원
로스팅머신
프로밧 P12
에스프레소머신
라마르조코 GB5

주소 부산 금정구 부곡4동 873-3
전화 051-4134-7034
영업시간 09:00~23:00
휴무 연중무휴 **주차** 불가

Coffee Story

커피 이야기

최고의 전망과 멋진 커피의 향연

'커피 이야기'는 광안리 바닷가에 있어 전망이 좋은 곳으로, 지역 사모님이나 젊은이가 많이 찾는 곳이기도 하지만, 실제로는 부산 스페셜티 커피업계의 멤버이면서도 오랜 기간 진정성 있게 커피 업계에 매진했던 한국 커피 업계의 역사적인 곳이다. 커피 이야기 전승예 아카데미 원장은 부산의 커피인들에게 존경받는 선배이며 스페셜티 커피 개념이 전무하던 시기부터 다양한 실험을 통해서 스페셜티 커피의 보급에 꾸준히 노력했다. 또한 이곳은 부산 최초로 COE$^{Cup\ of\ Excellence}$를 도입한 곳이다.

건물 1층은 아카데미로 운영이 되고 커피 매장은 계단을 통해서 올라가야만 한다. 익숙하지 않은 외지인은 2층 매장이라 불편할지도 모르지만, 계단을 통해서 올라가면 광안대교가 한눈에 들어오는 멋진 조망의 매장을 발견하게 된다. 특히 입구에 전시된 샘플 로스터는 유필문 박사와 함께 국내 최초로 수

입한 샘플 커피 로스터이다. 무심하게 전시되어 있는 기물에 한국 커피의 역사가 숨어 있는 셈이다.

매장은 오픈 바 ^{Bar}형태로 운영이 되고 있으며, 미국식 푸어오버 방식이 아닌 한국식 핸드드립 커피로 추출한다. 에스프레소 머신은 라마르조코$^{La\ Marzocco}$ 머신의 외관을 튜닝한 미스트랄 ^{Mistral} 모델이다. 미스트랄은 라마르조코 머신과 동일한 내부에 스포츠카를 연상시키는 멋진 디자인의 외관이다.

스페셜티 커피의 핸드드립 커피 가격은 4천 원이며, 레어스페셜티 등급의 커피(COE)는 5천 원이다. 1천 원을 추가하면 블렌딩 아메리카노 리필이 가능하다. 매장에서 가장 인기가 많은 메뉴는 핸드드립이며, 라테와 같은 에스프레소 베리에이션도 꾸준히 찾는 편이다. 시그니처 메뉴로는 크림 브륄레를 응용한 카푸치노브륄레인데, 시즌별로 선보이는 창작 메뉴 중 하나였다가 반응이 좋아서 정식 메뉴에 등재되었다고 한다. 그리고 사이폰 추출도 가능한데, 추구하는 로스팅 스타일과 맞물려서 독특한 스페셜티 커피 사이폰커피를 마실 수 있다. 스페셜티 커피전문점 중에서 사이폰을 제대로 추출하는 곳을 만나보기 어려운데 운이 좋았다.

'커피 이야기'에서 가장 인상적이었던 부분은 바리스타를 가족처럼 여기고 자기 계발에 대한 지원이 파격적이다는 것이었다. 신규 바리스타는 자체 아카데미의 모든 과정을 거의 무료에 가까운 비용으로 수강 가능하고 정직원으로 채용이 된 후에는 근무연수에 따라 단계적으로 진행되는 해외 연수 등 다양한 자기 계발 프로그램이 준비되어 있다. 구체적으로 매출의 1%를 직원들의 자기계발 예산으로 꾸준히 사용 중이라고 한다. 이익이 많은 IT 기업에서나 가능한 시스템을 마진이 박한 스페셜티 커피 업체에서 실행한다는 사실이 놀라웠다. 이런 모습들이 자연스럽게 매장의 선순환을 이루는 것 같다. 바리스타들의 매장에 대한 애정과 미래에 대한 확신이 곳

곳에서 느껴진다.

로스팅 머신은 후지로얄 로스터를 사용하며, 최근의 유행인 약배전보다는 소신 있는 중배전의 단맛의 커피를 추구한다. 스페셜티 등급이지만, 대중들이 부담스러워하지 않는 편안한 커피다. 점심 시간 이후 혹은 저녁 시간에는 앉을 좌석이 없을 정도로 인산인해. 저렴한 가격에 개성 있는 스페셜티 커피를 한국 최고의 조망에서 즐길 수 있다는 점에서 부산 시민이 부럽다.

바리스타의 자기계발 지원에서는 삼성이 부럽지 않은 '커피 이야기'. 좋은 커피와 멋진 조망으로 유명하지만, 그 이면에는 직원을 가족처럼 여기는 정연정 대표의 뚝심이 자리하고 있기 때문이 아닌가 싶다.

메뉴
핸드드립 – 5천원
사이폰커피 – 6천5백원
브릴레카푸치노 – 6천원
로스팅머신
후지로얄
에스프레소머신
라마르조코 미스트랄

주소 부산 금정구 장전동 425-2
전화 051-622-0721
영업시간 09:30~23:00
휴무 연중무휴 **주차** 가능

── Monsters Coffee ──

몬스터 커피

창원 최고의 스페셜티 커피

프로야구 신생팀인 NC다이노스의 홈구장이 한 차례 야구팬들 사이에서 회자된 적이 있다. 덕택에 창원이라는 도시가 마산과 진해, (구)창원이라는 도시들이 합쳐져 새롭게 만들어진 도시라는 것을 알게 되었다. 어느 사이엔가 마산과 진해라는 도시명은 역사 속으로 사라져버린 셈이다.

부산권을 제외하고는 경남 지방 커피 매장 중에서 가장 많은 바리스타가 추천하던 창원의 몬스터 커피는 이제는 사라진 행정 구역인 마산시 외곽 경남대학교 근처에 있다. 서울에서 멀고 먼 낯선 도시 창원의 몬스터 커피를 찾아 나설 용기를 가지게 된 것은 한국 최고의 커피 블로거 이상선 씨(서리)의 블로그에서 파이어맨 블렌딩에 대한 글을 읽고 나서였다.

부산 김해공항에서 한 시간여 되는 거리를 차를 타고 찾아간 창원의 몬스터 커피 매장 주위는 아직 상권이 형성되지는 않았고, 주변에도 상업 시설이나 변변한 간판도 없어서 찾는

데 조금 힘들었다. 하지만, 허름한 외관에 비해 들어서는 순간 매장을 가득 채운 학생들의 후끈함과 주변 주택가의 주민들로 평일 오후에도 발 디딜 틈이 없을 정도로 인산인해였던 매장 분위기는 굉장히 색달랐다. 당시 동행한 일행들도 창원 시내에 이런 공간이 있다는 사실이 굉장히 놀라웠던 듯했다. 얼핏 시카고의 최고 인디 커피 매장으로 손꼽히는 'Wormhole'의 분위기가 연상된다. 좋아하는 영화인 '위커파크Wicker park'의 배경이 되는 지역이라서 'Wormhole'의 분위기를 더 좋아했던 것 같다.

들어가는 입구 부분은 로스팅 공간과 랩Lab을 연상시키는 공간으로 이루어져 있고, 내부는 커피 바Bar와 좌석 공간으로 나뉜다. 로스팅 머신은 스페셜티 커피 전문점에 가장 많이 보이는 프로밧Probat이며, 에스프레소 머신은 라마르조코La Marzocco FB80이다.

전반적인 싱글오리진 커피 향미가 좋으며 지역적 특징과 커피의 지향점에 맞게 로스팅 된다. 에스프레소 블렌딩은 중배전 뎀프시롤, 강배전 파이어맨으로 나뉘는데, 취향에 따라 고를 수 있다. 바리스타의 추천은 라테 등의 밀크커피에는 뎀프시롤을, 아메리카노에는 강배전 파이어맨이었다. 뎀프시롤 블렌딩으로 만든 라테가 부드럽고 경쾌한 맛이라면, 파이어맨 블렌딩 아메리카노는 강배전 커피 특유의 강인함과 스위트니스, 의외로 깔끔한 뒷맛에 굉장히 놀라웠다.

브루잉 커피는 6개 정도의 싱글오리진 커피를 에스프로프레스, 에어로프레스, 하리오Hario로 추출해주는데, 가장 좋은 반응은 에어로프레스 추출이다. 매장에서도 에어로프레스 추출 기구를 판매하는데, 원두 250그램의 커피를 무료로 제공해주기 때문에 지역 주민들이 많이 구매하고 있다. 가격이 파격적인 관계로 부득이하게 인터넷 주문이 아닌 매장에서 구매하는 경우에만 한정하고 있다.

더치커피는 하리오에서 생산된 워터드리퍼를 사용하는데, 이와키와 함께 가정용 워터드립(콜

드드립, 더치 추출과 비슷한 용어다.)에 가장 많이 사용되며 추출 시간이 짧아서 커피 원두의 개성이 살아 있는 향기를 낸다. 비슷한 추출 스타일은 커사남과 어웨이크였던 것 같은데 장시간 추출하는 더치커피보다 카페인 함량이 적고 입안에서 퍼지는 향기와 질감이 좋다. 몬스터 더치커피는 케냐와 에티오피아 원두로만 제작되는데, 적절한 추출이 이뤄졌을 때 케냐 더치커피는 복숭아 향기가, 에티오피아 더치커피는 초콜릿 느낌이 발현된다. 사견으로는 파이어맨 에스프레소와 함께 케냐더치커피가 가장 인상적이었다.

에스프레소, 아메리카노, 라테, 브루잉아이스 등 모든 커피 음료를 3천5백 원에 판매하고 있는데, 이런 파격적인 가격대가 몬스터 커피가 지역 주민의 사랑방이 되는 데 일조한 것 같다. 사진을 전공해서 매장을 예술적인 분위기로 꾸민 몬스터 커피 대표 김현성 실장은 대중과의 꾸준한 접점을 유지하는 것을 가장 고민하는 듯하다. 이는 스페셜티 커피를 취급하는 매장들의 가장 큰 고민이기도 한데, 초심을 잘 유지하는 모습이 인상적이었다.

메뉴
아메리카노, 카페라테, 에어로프레스 - 각 3천5백원
더치커피 - 4천원
우유크림빵 - 1천5백원
로스팅머신
프로밧 L5
에스프레소머신
라마르조코 FB80

주소 경상남도 창원시 마산합포구 해운동 44-16
전화 070-8790-8980
영업시간
월~토 09:30~22:30 | 일요일 13:00~22:00
휴무 연중무휴　**주차** 불가

에스프레소 머신

양질의 에스프레소 머신이 좋은 커피를 담보하는 것은 아니지만, 에스프레소 머신의 개성과 커피의 지향점이 어울릴 때 더욱 큰 시너지를 일으킨다. 간단히 머신 브랜드별 성향을 분석해 보았다.

1. 라마르조코 La Marzocco

이탈리아 피렌체에서 시작된 에스프레소 머신으로, 최고의 성능과 디자인으로 좋은 평가를 받는다. 가장 다양한 라인을 보유하고 있으며, 최고 등급인 미스트랄 Mistral, 스트라다 Strada는 가변압 추출과 온도 설정까지 가장 다양한 변수의 조절이 가능하다. 가장 큰 특징은 다른 머신보다 커피를 담는 바스켓 사이즈가 좀 더 커서 많은 양의 커피를 사용할 수 있다는 것이다. 중간 등급인 GB, FB모델은 튜닝 여부에 따라서 추출 설정이 달라지지만, 기본적인 기능은 온도 유지와 정확한 추출 성향이다. 가장 대중적인 리네아 Linea는 가장 심플한 디자인의 머신으로, 온도 유지와 추출 성향은 비슷하다. 가정용 머신으로도 쓰이는 GS3는 최고 사양인 스트라다 Strada를 축소한 것과 같다. 한국의 스페셜티 커피 매장에서 가장 많이 보이는 것 같다. 기본 모델인 리네아도 일반 머신의 2배 정도의 가격이다.

2.	시네소 Synesso

라마르조코 미국 공장이 독립해서 제작한 머신으로, 기본적인 성향은 비슷하다. 라마르조코처럼 종류가 다양하지는 않지만, 독립 보일러의 성향으로 온도 유지에 최고의 성능을 보인다. 대형매장에서 꾸준한 추출이 이뤄져도 추출 간 편차가 가장 적은 편이다. 스트라다와 같은 최첨단 기능은 부족하지만, 온도 설정 및 유지에서 가장 안정적인 경향을 보여 높은 평가를 받는다. 테라로사에서 수입 대행을 하며, 서울에서는 파이브 익스트랙츠에서 최초로 도입했다. 가격대는 라마르조코 중간 등급과 비슷하게 형성된다.

3.	슬레이어 Slayer

시네소 엔지니어들이 독립해서 만든 머신으로, 궁극의 성능을 표방한다. 에스프레소에 가해지는 압력을 저압과 고압으로 순간적으로 변환하는 가변압 추출이 가능하며, 온도 조절까지 가능하다. 가장 최고의 성능을 표방하지만, 다양한 변수 때문에 커피의 성향을 극대화하거나, 잘못된 추출에 이르기도 한다. 초기 모델은 유지보수에 곤란을 겪은 것으로 알려졌지만, 지금은 많이 안정되었다. 지금도 가장 어려운 머신으로 손꼽힌다. 한국에서는 방정호 대표의 비다스 테크에서 최초로 도입했으며, 지금은 콘하스와 나무 사이로에 비치되었다.

4. 라심발리 La Cimbali, 페이마 Faema

이탈리안 에스프레소 머신의 상징. 14그램 투입, 25초, 30ml 추출이라는 정형화된 이탈리안 에스프레소 레시피의 기본이 되는 머신. 적은 투입량에도 불구하고 추출 수율이 좋다. 좀 더 쫄깃한 느낌이 나는 에스프레소 추출에 가깝다. 한동안 스페셜티 커피 추출에서 소외되는 듯한 느낌이었지만, 최근 들어서 스페셜티 커피 에스프레소 풀샷과 함께 새롭게 조명되고 있다. 질감, 단맛, 밸런스에 최적화된 커피 추출에 적합하다. 이탈리안 에스프레소 머신 점유율 1위 라심발리가 2위 페이마를 1993년도에 인수 합병하였다.

5. 기타(시모넬리 Simonelli, 비다스 Vidas)

WBC 바리스타 챔피언십 공식 머신인 시모넬리 Simonelli도 스페셜티 커피 매장에서 꾸준히 사용된다. 최근에는 비다스테크에서 방정호 대표와 테크니션들이 한국형 머신을 제작했다. 프로토타입으로는 엘 카페에 비다스 1그룹이 비치되었으며,

라마르조코, 시네소, 슬레이어의 장점을 모두 합친 머신으로 평가받는다. 내구성에 대한 부분은 시간이 지난 후 평가되리라 생각되지만, 전 세계의 스페셜티 커피인이 모두 관심을 둘 정도로 강한 후폭풍이 예상되는 머신이다.

Gloceries

스페셜티 커피 용어 정리

스페셜티 커피를 제대로 즐기기 위해 알아야 할 용어

커피 용어 정리

강배전 Heavy Roasting
로스팅의 특징으로, 강하게 볶은 상태를 의미한다. 바디와 단맛이 좋은 커피에 적합한 로스팅 방식이다. 약배전 커피에 비해, 고소함과 단맛이 배가되는 경향이 있다.

게샤 Geisha
에스메랄다 농장의 스페셜티 커피 품종이다. 독특하고 아름다운 향미로 최고의 스페셜티 커피로 인정받는다. 원산지가 에티오피아 게샤숲으로 추정되어 이름이 붙었으며, 일본과는 아무런 관련이 없다.

고노 Kono
일본 고노 회사에서 생산된 드리퍼로, 리브가 짧아서 추출이 어렵고 기술이 어렵다.

공정무역커피 Fair Trade Coffee
원두의 주요 생산국인 제3세계 커피 농가를 보호하기 위해, 생두 구매 가격을 윤리적 수준에서 구매하는 커피를 말한다. 다국적 기업이나 중개인을 거치지 않아, 산지 커피 발전의 긍정적인 결과로 이어진다.

광사이폰 Light Syphon
할로겐 방식의 열 공급을 이용하는 사이폰 추출 방식이다. 직화식과 달리 오차가 거의 없으며, 추출 온도가 일정해져 스페셜티 커피 추출에 적합하다.

그라인더 Grinder
로스팅 과정을 거친 원두를 분쇄하는 기계를 말한다.

기센 Giesen
프로밧 네덜란드 생산 공장이 독립한 로스팅 생산업체로, 프로밧과 비슷한 성능과 특성의 로스팅 머신이다.

내셔널 위너 National Winner
커피 경진대회인 COE에서 예선을 통과한 스페셜티 커피를 말한다.

커피 용어 정리

다이렉트 트레이드 커피 Direct Trade Coffee
커피 생산자로부터 직접 생두를 공급받는 것으로, 중간 유통 마진을 없애 생산자를 보호하는 윤리적인 공정 거래 무역 방법의 하나다.

더치커피 Dutch Coffee
뜨거운 물로 추출하는 일반적인 커피와는 달리, 찬물로 장시간에 걸쳐 추출한 커피를 말한다. 더치 기구에서 커피가 한 방울씩 떨어지게 하는 점적식과 용기에 원두와 물을 넣고 장시간 우려낸 후, 찌꺼기만 걸러내는 침출식으로 나뉜다.

드리퍼 Dripper
핸드드립에 사용되는 추출 기구다. 종이나 천으로 만든 필터 위에 커피가루를 넣은 후, 뜨거운 물을 부으면 커피가 추출된다. 제조 회사에 따라 멜리타, 칼리타, 하리오, 고노, 케멕스 등으로 나뉜다.

디드릭 Diedrich
미국에서 생산된 로스팅 머신으로, 전도율을 부분적으로 이용한다. 스위트니스가 좋은 커피의 로스팅에 최적화된 것으로, 열 보관 효과가 좋다.

라마르조코 La Marzocco
이탈리아 피렌체에서 시작한 에스프레소 머신 생산업체. 스페셜티 커피 추출 머신의 원조라고 할 수 있다. 커피를 담는 바스켓이 깊어서 일반 머신보다 향기가 좋고 풍부한 추출이 가능하다. 기능에 따라서 몇 가지 등급으로 나뉜다.

라심발리 La Cimbali
시모넬리와 함께 어깨를 겨루는 머신 생산업체로, 바리스타의 역량에 의한 추출보다는 안정적인 추출에 목표를 두고 있다.

커피 용어 정리

레어스페셜티 커피 Rare Specialty Coffee
커핑 평가 85점 이상의 상위급 스페셜티 커피를 통칭한다. 통상적으로 COE, 게샤 품종은 상위 개념인 레어스페셜티 커피 개념으로 분리하기도 한다.

로스터 Roaster
로스팅 작업을 전문으로 하는 사람을 뜻한다. 생두의 특성에 따른 세밀한 작업이 뒷받침되어야 하므로, 전문 로스터의 역할이 중요하다.

로스터리 Roastery
커피를 직접 로스팅하는 공간을 말한다. 요즘은 신선한 생두를 카페에서 직접 로스팅하는 로스터리 매장, 카페를 어렵지 않게 찾아볼 수 있다.

로스팅 Roasting
커피나무의 열매인 생두에 열을 가하여 볶는 작업을 뜻한다. 생두의 수확 시기, 종자 등의 특성에 따라 로스팅이 달라진다.

리브 Rib
핸드드립으로 커피를 추출하는 드리퍼 안쪽에 돌출된 부분으로, 공기가 드나드는 틈을 만들어준다. 리브의 개수가 많고 높이가 높을수록 물과 공기의 통과가 쉬워진다.

리스트레토 Ristretto
에스프레소 잔의 1/4 정도를 채우는 짧은 추출. 향의 응축이 좋고, 개성 있는 커피 추출에 적합하다.
참고) 풀샷 : 에스프레소 추출의 기본이 되는 30ml 추출

마이크로랏 커피 Microlot Coffee
품질이 좋은 커피를 생산하는 특정 지역의 특정 농가에서 생산된 단일 생두를 말한다. 생산량이 적어 정해진 기간에만 특별하게 맛볼 수 있는 스페셜티 커피다.

커피 용어 정리

멜리타 Melitta
최초의 핸드드립 드리퍼. 독일에서 개발됐으며, 유럽에서 많이 사용된다.

배전 Roasting
로스팅의 일본식 표현으로, 관용적으로 지금도 자주 사용된다. 배전에 대한 정석은 없고, 커피 생두 고유의 성향에 맞는 배전이 가장 좋다.

브루잉 Brewing
커피의 추출을 뜻하는 말로, 머신을 제외한 모든 방식의 추출을 통칭한다. 통상적으로 핸드드립, 푸어오버와 같은 호칭으로 통용되기도 한다.

블렌딩 Blending
한 가지 종류의 커피를 뜻하는 싱글오리진과 달리, 서로 다른 원두를 혼합해 최상의 조합을 만들어 내는 것을 뜻한다. 산지, 로스팅 정도, 로스팅 기계 등 다양한 조건에 따라 블렌딩이 이루어진다.

비다스 Vidas
방정호 디자인커피 대표가 수제 생산 중인 에스프레소 머신. 슬레이어를 능가하는 기능과 전위적인 디자인으로 전 세계가 현재 주목하고 있다. 한국에는 엘 카페에서 1구 머신이 최초로 상용화됐으며, 시제품의 테스트 기간이 끝나면 최고의 머신으로 거듭날 듯하다. 3구 대용량 추출 머신은 리브레에서 구입 대기 중이다.

비엔나커피 Vienna Coffee
아메리카노 위에 부드러운 생크림을 듬뿍 얹은 커피를 말한다. 오스트리아 빈에서 마부들이 설탕을 젓지 않고 한 손으로 커피를 마실 수 있도록 한 것에서 유래했다고 전해진다.

사이폰 Syphon
일본에서 처음 시작된 추출 방식으로, 진공식 추출 방식에서 시작했다. 순간적으로 추출이 이뤄지기에 바리스타의 추출 방식에 대한 이해도에 따라 결과물의 차이가 심해진다.

커피 용어 정리

생두 Green Coffee Bean
커피나무에 열리는 열매의 씨앗으로, 로스팅 하기 전의 커피콩을 생두라 한다.

스위트니스 Sweetness
최근 들어 더욱 부각되는 커피 맛의 영역으로, 좋은 커피는 자연스럽게 발화되는 단맛이 좋다. 스위트니스가 좋은 커피는 누구나 호감을 느끼며, 좋은 커피의 산미와 단맛은 자연스러운 복합체이다.

스페셜티 커피 Specialty Coffee
미국 스페셜티 커피 협회의 생성과 함께 보편화한 개념으로, 일반적인 상업 커피인 커머셜 커피와는 대비된다. 향기와 맛이 우수하고 여운과 밸런스 좋은 커피를 통칭하며, 커피를 평가하는 커퍼(Cupper)의 커핑(Cupping)을 거친 후에 스페셜티 커피로 인정된다. 통상 SCAA 기준으로 80점으로 통과했을 때 스페셜티 커피 등급으로 평가받는다. 유통 커피의 7~10% 정도가 스페셜티 커피 등급으로 인정받는다.

슬레이어 Slayer
시네소 라인에서 좀 더 기술적인 진보를 위해 독립한 기술자들이 생산한 머신이다. 라마르조코 스트라다 이상의 성능을 구현하며, 가변압 추출과 핸드메이드 머신으로 최강의 기능이지만, 유지 보수가 다른 모델에 비해서 번거로운 편이다.

시네소 Synesso
미국의 라마르조코 생산 라인이 독립해 만든 추출 머신. 동일한 바스켓을 공유하며, 머신의 온도 보정이 좋아 대량 추출 매장에서도 가장 안정적인 추출이 가능하다.

시모넬리 Simonelli
라마르조코와 함께 유럽의 대표적 에스프레소 머신으로, 아우렐리아 T3 모델이 WBC공식 머신으로 사용 중이다.

싱글오리진 Single Origin
단종커피라고도 호칭하며, 한 종류 혹은 한 지역의 원두로만 만든 커피를 말한다. 커피가 가진 성향과 테루아까지 노출되는 등 블렌딩 커피와는 다른 맛을 느낄 수 있다. 과거에는 국가 단위로 동일 원산지 여부를 판단했다면,

커피 용어 정리

최근에는 지역 혹은 농장 단위로 영역이 좁아져 더욱 섬세한 느낌을 전달한다. 대부분은 핸드드립을 비롯한 브루잉 방식으로 추출하지만, 최근 들어 싱글오리진으로 에스프레소를 추출하는 경우도 있다.

아이리시커피 Irish Coffee
알코올 커피의 일종이다. 커피에 위스키를 넣어 만들며, 그 위에 생크림이 올라간다. 아일랜드 공항 라운지에서 승객들에게 서비스로 제공하던 것에서 유래했다.

약배전 Light Roasting
로스팅의 특징으로, 약하게 볶은 상태를 의미한다. 향미가 좋고, 개성이 강한 커피에 적합한 로스팅이다. 향미의 발현이 좀 더 쉬운 편이다.

언더로스팅 Under Roasting
로스팅이 완벽하게 되지 않아서 풀 냄새와 같은 아린 맛이 나는 현상을 말한다.

에스프로프레스 Espropress
캐나다에서 개발된 프렌치프레스를 응용한 추출 도구로, 열 보존과 미분 제거에 아주 적합해서 가장 이상적인 브루잉 추출 도구로 알려진다. 한국의 스페셜티 커피 업체에서 많이 사용되며, 홈 바리스타의 가정용 브루잉으로도 적합하다.

에어로프레스 Aeropress
에스프로프레스와 함께 브루잉 추출의 양대산맥으로 불린다. 가압 원리를 이용해 추출되며, 선명한 커피의 개성을 느낄 수 있다.

오픈 커핑 Open cupping
외부인을 위한 공개 커핑을 의미하며, 간혹 커피 교육의 장소로도 이용된다.

우버 보일러 Uber boiler
아일랜드에서 개발된 워터 보일러 시스템으로, 브루잉 추출에 최적화되었다. 무게 계량이 가능해서 직수 추출을

커피 용어 정리

권장하지만, 일부 매장들은 워터 보일러로 사용하는 경우가 많다. 가장 큰 장점은 온도 보정이 정확해서 커피 추출 시 편차가 거의 없다는 것이다. 인텔리젠시아 베니스 비치 매장에서 사용된 후에 전 세계적으로 활발하게 보급되기 시작했다.

워터드립 Water Drip
커피를 장시간 추출하는 방식으로, 장시간 보관해도 향이 오래 보존되고 뒷맛이 깔끔하다. 더치커피 추출이 워터드립 방식이다.

원두 Roasted Coffee Bean
로스팅 한 후의 커피콩을 원두라 한다.

이브릭 Ibrik
터키식 커피를 추출할 때 쓰는 추출 기구다. 약재를 달이는 방식과 유사하며, 세계에서 가장 오래된 추출법으로 알려진다.

중배전 Medium Roasting
로스팅의 특징으로, 강배전과 약배전의 중간 상태를 의미한다.

카스카라 Cascara
과거에는 폐기되었던 커피의 외피 과육(체리의 과육과 유사한 맛과 향기가 남)을 이용하여 만든 차. 카페인이 적고 비타민이 많으며, 대추차와 감잎차 같은 뉘앙스를 풍긴다. 2011년 WBC 챔피언 알레한드로의 창작 메뉴에 들어간 후부터 대중적으로 많이 알려졌다.

칼리타 Kalita
일본의 핸드드립 드리퍼 생산업체, 멜리타 드리퍼를 개량했으며, 한국 핸드드립 커피 업체에서 가장 많이 사용된다.

커피 용어 정리

커퍼 Cupper
훈련된 커퍼는 동일한 커피에서 동일한 평가를 산출한다.

커핑 Cupping
커피의 모든 부분을 관능 평가하는 과정이다.

케멕스 Chemex
핸드드립 원리의 브루잉 방식이며, 케멕스 드리퍼가 과학적이고 아름답다.

큐 그레이더 Q-Grader
SCAA 산하 CQI 인증을 받은 커퍼. 큐 그레이더 인스트럭터 주재하에 일주일간 22과목을 통과하면 자격이 인증된다.

크레마 Crema
에스프레소 위에 뜨는 갈색 빛의 거품을 말한다. 보통 3~4mm 정도의 크레마가 뜨는 에스프레소를 맛있는 에스프레소라고 하며, 일반적으로 원두가 신선하지 않을 때 크레마가 적게 뜬다.

클린컵 Cleancup
커피를 평가하는 표현 중 하나로, 커피의 후미와 연계된 청명한 느낌을 나타낸다. 희석을 많이 한 커피와는 다른 의미로, 커피 자체가 가진 선명한 느낌을 뜻한다. 한국 큐 그레이더를 초기에 심사한 SCAA 산하 CQI 인스트럭터 Marty가 선호하는 커피 성향이다.

타차도르 커피 Tazza D'oro Coffee
이탈리아의 유명한 커피 전문점인 '타차도르'에서 가져오는 커피를 말한다.

페이마 Faema
이탈리안 에스프레소 추출에 최적화된 머신이다. 디자인과 메커니즘에서 후대 머신에 상당한 영향을 미쳤다.

커피 용어 정리

페트론치니 Patroncini
에스프레소 머신의 종주국인 이탈리아 최고의 로스팅 머신이다. 스페셜티 커피 업계에서 많이 사용하는 프로밧이나 기센과 달리 보급이 드물지만, 10킬로그램 미만의 로스팅 머신 중에서는 상당한 품질을 보이고 있다. 테라로사, 커피 휘엘에서도 같은 모델을 사용하고 있다.

푸어오버 Pour over
핸드드립의 서양적인 표현으로, 기술이 중시되는 일본과 한국 방식에 비해 기술이 쉽고 편하다. 대신 정량과 정확한 온도 유지에 주의를 기해야 하며, 일관된 추출을 목표로 한다.

프렌치프레스 French Press
브루잉 방식의 기본이며, 가장 완벽한 커피 추출로 손꼽힌다. 다만, 미분이 나와서 아시아의 소비자가 어려워하는 추출 방식이다.

프로밧 Probat
향미와 바디가 좋은 커피 로스팅에 최적화된 독일 로스팅 머신 업체로, 고가임에도 스페셜티 커피 로스팅에 가장 많이 보급되었다.

하리오 Hario
미국식 핸드드립인 푸어오버에서 많이 사용되며, 물빠짐이 빠르고 추출이 쉽다.

핸드드립 Hand drip
종이나 천으로 만든 필터에 분쇄된 원두를 뜨거운 물에 내리는 드리퍼를 이용한 커피 추출 방식을 말한다.

B2B B2B
Business To Business의 약자. 기업과 기업이 직접 커피를 거래하는 도매 방식이다.

B2C B2C
Business To Customer의 약자. B2B와 달리, 소매 형태의 거래 방식이다.

커피 용어 정리

Bean To Bar Bean To Bar
초콜릿의 원재료인 카카오빈을 재배하는 것부터 초콜릿의 완성품인 초콜릿 바가 만들어지기까지의 모든 과정을 쇼콜라티에가 직접 담당하는 과정을 말한다.

COE Cup Of Excellence
조지 하웰과 수지 스핀들러가 주도한 민간단체 ACE(Alliance for Coffee Excellence)가 주최하는 커피 경진대회를 말한다. 커피 품질의 향산과 산지의 농민 경제 활성화에 초점을 맞춘다. 브라질을 시작으로 엘살바도르, 코스타리카, 과테말라, 온두라스, 브룬디, 르완다, 콜롬비아에서 각각 개최된다. 각 지역별 입상 커피는 별도의 오견을 통해 판매되는데, 대부분 고가에 입찰된다.

CQI Coffee Quality Institute
미국 스페셜티커피협회(SCAA) 산하에 있는 커피 품질 연구소를 말한다. 생두의 품질과 등급을 객관적으로 평가하기 위해 설립되었다.

SCAA Specialty Coffee Association of America
미국 스페셜티커피협회를 뜻한다. 스페셜티 커피의 기준을 만들고, 매년 월드 바리스타 챔피언십(WBC)을 개최한다.

서울지역 커피 노선도

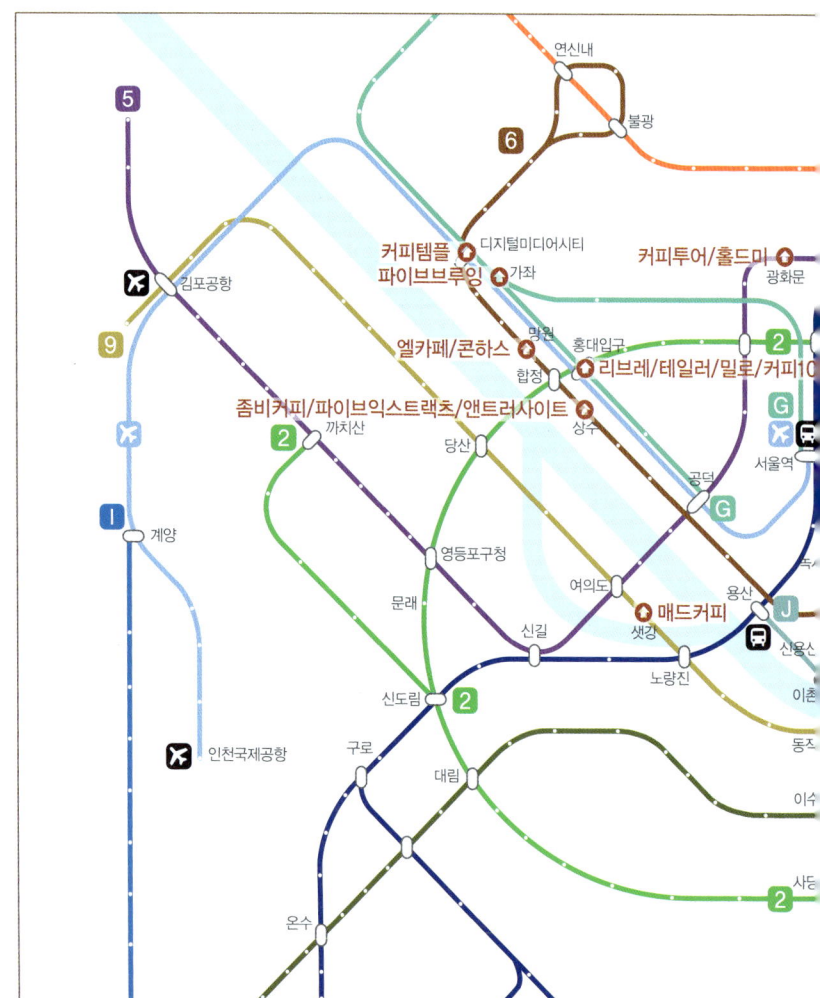

블루리본愛食家바이블

스페셜티 커피 인 서울

2014년 5월 2일 초판 1쇄 인쇄
2014년 5월 9일 초판 1쇄 발행

지은이: 심재범 | 발행처: BR미디어(주) | 발행인: 여민종

등록번호: 제2011-000074호 | 등록일: 2011년 3월 8일

BR미디어 주식회사 135-914 서울 강남구 역삼동 668-1 청파빌딩 2층

문의전화: 02 512 2146 | 팩스: 02 565 9652 | e-mail: webmaster@blueR.co.kr
website: http://www.blueR.co.kr

정가 13,800원

ISBN   978-89-93508-25-3 04590
        978-89-93508-20-8 04590 (세트)

ⓒ 심재범 2014

* 이 책 저작권자와 출판사의 서면 동의 없이는 이 책의 내용을 전체적으로나 부분적으로나 또한 어떤 수단·방법으로나 아무도 복제·전재하거나 전자 장치에 저장할 수 없습니다.
* 잘못된 책은 바꾸어 드립니다.

블루리본 愛食家 바이블

국제적인 대도시라면 어디나 그 도시를 대표하는 세계적인 레스토랑 가이드 북이 있습니다.

〈블루리본 서베이〉는 이러한 가이드 북과 어깨를 나란히 하는

우리나라 최초의, 그리고 최고의 레스토랑 평가서입니다.

〈블루리본 서베이〉에 이어 기획한 〈블루리본 愛食家 바이블〉 시리즈는

딱딱한 평가에서 벗어나 자유롭게 미식의 세계를 조명하려는 시도입니다.

〈블루리본 愛食家 바이블〉에서는 보다 심층적으로 한 가지 주제에 집중하여

우리나라 미식의 지평을 넓히고자 합니다.

〈블루리본 愛食家 바이블〉는 음식을 사랑하는 모든 愛食家에게 바치는 시리즈입니다.

〈디저트 인 서울〉을 시작으로 계속 이어질 〈블루리본 愛食家 바이블〉 시리즈에

많은 성원 부탁 드립니다.

BR미디어 발행 | 439쪽 | 전면 칼라 | 가격 18,000원

우리나라를 대표하는 레스토랑 평가서, 미식가들의 필독서

블루리본 서베이와 함께라면 전국의 맛이 내 손안에!